コミュニティ編集部だからできる経済システムを作ります。

原稿料やデザイン料は、コミュニティの中でしか通用しない貨幣（KitCoin）で支払われます。この貨幣で「『イコール』が買えます」「『イコール』が発行する書籍を購入できます」「『イコール』の広告ページの料金として支払えます」。

販売はシェア書店を中心に展開していきます。

現在、東京 (3 ヵ所)・茨城・京都・糸島でシェア書店の棚を確保しています。これらの棚が「『イコール』の常備店」となります。新刊、バックナンバーは常備店で購入できます。今後、常備店を拡大していきます。(創刊時点では、書籍コード扱いで取次経由で全国書店、Amazon などの電子書店でも購入できます)。

小さな勉強会、ワークショップ、催事などの運営者と連携していきます。

雑誌の購読者が参加しやすい、多様なテーマの活動を紹介していきます。雑誌を読むだけではなく、読んだ人が具体的な行動につながるメディアにします。

書評データベースを構築します。

誰もが自分の書評を公開し、公開された書評をデータベースで管理するシステムを構築します。その中から『イコール』誌面に掲載させていただく場合もあります。

ＡＩなどの最新技術に注目していきます。

ＡＩに依存するのではなく、ＡＩと一緒に楽しみながら人間の創造力を追求していきます。

『イコール』は増殖していきます。

『イコール』創刊０号は５０人近いメンバーで作りました。その規模のコミュニティがあれば『イコール』を発行できます。新しい動きを支援していきます。

『イコール』独自のイベントを開催します。

すべてコミュニティのメンバーで運営していきます。

創

Breakthrough Magazine for PS

参加型社会の状況突破マガジン

JN101293

イコール0号

目次

表紙イラスト――かふあ

極めて怪しい雑誌である。

身の回りのメディア状況で個人がキャッチしたホットポイントを紹介します

SCENE1
THE RADAR

イラスト／高橋元秀（神奈川）小学６年生

EQUAL-RADAR

雑誌『イコール』は、今を生きている人たち一人ひとりが時代のセンサーとなって、面白い作品を報告していきたい。個人視点の感性と情報を共有して、新しい情報コミュニティを育てていきたいと思います。

名前	肩書	最近、気になった映画・イベントと理由	最近、気に入った本、雑誌と理由
キリゴンズ	燃焼なう	映画『福田村時間』 集団となった人間は、その場の空気によって、なんでもしてしまう。近年 SNS の発達により、より悪化しているのでは、と考えさせられた。	中野優作『クラクションを鳴らせ！』 ビッグモーターの元幹部による営業とマネジメントの本。YouTube で観て、好感と人を惹きつけるトークの秘訣を知りたくて購入。それまで偏見を持っていた営業という仕事、自分でもやってみたくなった。
カプセレント具志	発達系ラジオパーソナリティ	『遠いところ』 沖縄を舞台に若者の生活しづらさを表現した映画。見た後におしゃべりして、各々の気持ちを吐き出さずにはいられない。	『イーロン・マスク』 本人の無茶苦茶さが楽しい。
久恒啓一	NPO 法人代表	『INVICTAS』 南アフリカ最初の WC 優勝の映画。マンデラ大統領と主将の交流に感動。今年も南ア 1 点差で連覇。	『世界』この雑誌がまだ存在している！寺島実郎「脳力のレッスン」の連載あり。
山田スイッチ	コラムニスト	展覧会・奈良美智『The Begging Place ここから』@ 青森県立美術館。圧倒的に、絵の奥から出てるものが違う。シャガールに対抗できると思った。	『週刊少年ジャンプ』の勢いが止まらない。赤坂アカ & 横槍メンゴの『推しの子』とか、これ国家事業なんじゃないか？と言われてます、わが家では。
淵上周平	映像探究学習コンビビ	『明日のアー』大北さんというデイリーポータル Z の名物ライターが数年前からやってるコント劇団。関西系でもない（本人は関西出身だが）ライブのお笑いの挑戦。	『馬語手帖』（河田桟）。 与那国に移住して馬の世話している人が書いた馬とのコミュニケーションの本。セルフパブリッシング。
松本龍二	介護施設介護支援専門員	『市民ミュージカル石井十次物語』 明治時代に岡山孤児院を創設した石井十次の生涯を描いた作品。孤児たちに自立して生きる道を教える石井十次の姿に感動した。	安川新一朗の『ブレイン・ワークアウト』人間の進化に沿って 6 つのモードに分けてわかりやすく書かれていてメニューを実践したくなったから。
平野友康	浪人	『君たちはどう生きるか』	『アリストテレス政治学』

EQUAL-RADAR

名前	肩書	最近、気になった映画・イベントと理由	最近、気に入った本、雑誌と理由
渡邉ちか	深呼吸学部塾生	『山形ドキュメンタリー映画祭』空音央氏がいらした。ファンには叱られるかもしれないがとても楽しんで自由にされていたようにお見受けした。	『アルジャーノンに花束を』小学校5年生が読んだと言うので。読了したのか気になります。
浅沼正治	深呼吸歌人＆中小企業経営者	映画『福田村事件』100年前に千葉の野田で実際にあった事件を題材にした物語。人間の心にある「差別」とは？　怒り、悲しみ、葛藤…心揺り動かされ、暫くスクリーン前のシートから離れられなかった。	津田一郎＆松岡正剛『科学と生命と言語の秘密』複雑系と自己組織化について理解したいため読み始めたら、情報の起源にまで遡る話に引き込まれた。
erina	なし	『福田村事件』」まだ見れていないですが、森達也さんによる初の劇映画であること題材が気になっています。	二階堂 奥歯『八本脚の蝶』あまりに美しい響きのタイトル、著者の名前。25歳で、自分の意思で自死を選んだ1人の編集者による、物語や言葉や本、ファッションやメイクに対する愛に満ちた耽美的な文章に、彼女のみていた世界に、ただただ驚愕しました。
tamaco. maekawa	エゴエコロゴス研究所研究員	『1/10FUKUSIMAをきいてみる』いろんな立場の対立する意見を、美しい映像で、等価値に並べている。現実に似ているが編集が入るので見やすく、受け取りにくさに逃げ場がないところ。	『積極的に治さない瞑想箱庭療法』心理療法における、近代自我の問題に気づかされた。
下光博之	（ないです）	『芸備線廃線反対デモ』労働組合の闘争モード、集まってるのは高齢の男性中心。これでは盛り上がらんなと思った。	高橋雅紀『分水嶺の謎』子供の頃からの疑問解消。地質学の方が地形学の難問を解く様も痛快。
田久保あやか	深呼吸学部塾生	奈良美智『The Beginning Place ここから』約10年ぶりの奈良美智展！　しかも故郷の青森で。これは行きたい。	山下清『ヨーロッパぶらりぶらり』本人は自然体で淡々と書いているのだけど、だからこそ、思いもよらぬ切り口がおかしかったり、鋭かったりして面白い。
伊藤正人	メイカー	なし	『ヴィンテージ・アイウェア・スタイル/1920's-1990's』最近、アンティーク眼鏡を素材に作品を作ろうとしていた僕にとって、とても役立つ情報が満載の本でした。

EQUAL-RADARのセンサーはあなたです。
皆さんのメディア体験をお知らせください。

■イコール・レーダー投稿ページ https://forms.gle/phdJvfgEHEdqisN4A

SCENE2
出版・印刷系

イラスト／松谷弥子（奈良）小学1年生

特集１

参加型シェアエコの時代

これまでのシェアリングエコノミー（共有経済）は、自家用車をシェアしたり、宿泊者向けの部屋をシェアしたりする個人資産の共有が中心であった。２０２３年から各地で活発化しはじめた「シェア書店」「シェア図書館」の動きは、シェアエコ企業による営業活動の成果ではなく、「棚主」個人の参加への思いを共有しようとするところに新しさがあるのではないか。

一人ひとりの自発性の集まりが新しい空間を生み、その空間がやがて私たちの新しい社会の基盤になるのだと思う。雑誌『イコール』も参加型シェアエコの時代を進む雑誌でありたいと思う。

特集１　参加型シェアエコの時代

Books & Coffee 谷中 TAKIBI

新しい書店の姿を模索する 安藤哲也（谷中TAKIBI店長）インタビュー

出版社、書店店長のキャリアから出発し、男性の育児参加から社会の諸問題に立ち向かう社会活動を経て、安藤哲也が書店に帰ってきた。

往来堂の安藤店長は、出版取次が送ってくる本をただ並べるだけではなく、自分の意思を踏まえたコーナー作りを行い、「店長の顔の見える書店」を表現して、出版業界の話題の人になった。衰退一途の不安だらけの出版業界で安藤哲也の想いと構想を聞いた。

安藤哲也の人生の足どり

簡単な経歴、キャリアを教えてください。

安藤　明治大学文学部を１９８５年卒業後、出版社で７年勤務してから書店員に鞍替えしました。大塚・田村書店、千駄木・往来堂書店の店長をやって、オンライン書店ｂｋ１の店長から楽天ブックスの事業部長を務めました。ＮＴＴドコモでは電子書籍事業もやりました。２００６年、父親支援事業のＮＰＯ法人ファザーリング・ジャパンを設立し代表になりました。

いきなり今までの出版の世界とは違う世界へ転身ですね。

安藤　ええ、自分に子どもが生まれて、父親というのは何だろうと考えました。２０１２年、児童養護施設退所者の自立支援をするＮＰＯ法人タイガーマスク基金を設立し代表になりました。

『タイガーマスク』の主人公の「伊達直人」の偽名で児童養護施設にランドセルを寄付する活動が話題になった頃ですね。

安藤　ええ、その社会的事件をきっか

まちの本屋復活へ

江府町

東京NPO支援で開店目指す

若者が集い語らう拠点に

■文化資本不足

■地域の未来

けに、社会的養護が必要な子どもたちの学業、就労、家族形成、社会参画などの自立支援を総合的に行う組織が必要だと思ったのです。

大事なテーマを持続的に追求するための組織を作ってきたのですね。

安藤　2017年に、人生100年時代のウェルビーングを追求するライフシフト・ジャパン株式会社を設立しました。

そして古巣の書店業界に帰ってきたのですね。

安藤　ええ、自分の子どもも成人を超えて、最近は彼氏もつれて来たりで、父親は卒業して、もう一度、自分のやりたいことをテーマにしようと思いました。2023年、全国の無書店地域に本屋を復活させる事業を主に展開するNPO法人ブックストア・ソリューション・ジャパン（BSJ）を設立しました。7月には、東京・谷中にBSJの実験書店として棚貸しモデルの本屋「Books & Coffee 谷中TAKIBI」を開店し店主になりました。

本との出会いと、これから。

安藤さんの本との出会い、読書体験を教えてください。

安藤　小5のとき兄（5歳上）が読んでいた星新一や筒井康隆にハマりました。『ノックの音が』（星新一／新潮文庫）が初めて読んだ文学作品です。その後、高校から大学時代は村上春樹や村上龍、よく分からなかったけど、浅田彰、中沢新一、吉本隆明なども読むようになりました。書店員になってからは多様なジャンルの本を乱読中です。

TAKIBIをはじめようとした動機は何ですか。

安藤　BSJ設立後、そのコンセプトやミッションがなかなか世間に伝わらない様子だったので、自分で本屋を営む中で、その具体的な姿（モデル）を示したかった。実績づくりが必要だと思ったのです。

TAKIBIの棚主さんは、どういう人たちですか。

安藤　60人のうち半分は私の知り合い

です。あとはクラウドファンディングの支援者。いわゆる本好き・本屋好きの人が多いと思います。あと、ＢＳＪの「無書店地域に本屋を！」に共感した人々ですね。

これからシェア書店をやりたい人へのアドバイスを。

安藤　パサージュの単品管理のシステムを入れて業務をデジタル化し、なるべく店員の負担を減らすことですね。品ぞろえも棚主任せにせず、ある程度は店の方針を棚主に伝え、まとまりのある書棚にすることが肝心です。

パサージュ（PASSAGE）は神保町すずらん通りにあるシェア書店で、仏文学者の鹿島茂さんがオーナー、次男の由井緑郎さんが運営しています。棚主には、鹿島さんの人脈で著名作家、編集者が多く、シェア書店をメディアが取り上げる契機となった店ですね。独自の運営管理システムを開発して、ＴＡＫＩＢＩも同じシステムを導入していますね。パサージュは店内も完全デジタルキャッシュ管理と徹底しているようです。

安藤　ときどき店頭で「現金が使えないのか」と諦めて帰る人をみかけるね。

ＴＡＫＩＢＩの運営システムについて教えてください。

安藤　60ある棚を4種類に分け、それぞれ月額の棚貸し料金（３０００〜1万円）を設定し、棚を貸し出すシステムです。棚主が出した本、レコード、雑貨などの商品は、すべてシステムで単品管理し、売上も自動計算です。売れた金額の85％を棚主にバック、ＴＡＫＩＢＩの販売手数料は15％です。販売スタッフは棚主も「パートタイム店長」ができるシステムを採用しています。棚主の中で店頭に立ちたい人は結構います。

右は TAKIBI 店長の安藤さん、左は本誌編集長の橘川

地方展開も準備中ですが、現状を教えてください。

安藤　鳥取県大山の麓にある人口２６００人の江府町で２０２４年秋、ＢＳＪプロデュースの書店の第１号店を出店予定です。ＴＡＫＩＢＩモデルと同等ではありませんが、棚貸しモデルは一部採用予定です。

今後のビジョンを教えてください。

安藤　ＴＡＫＩＢＩ江府町店を成功させ、全国に５００近くある無書店地域に本屋を毎年１軒は作ることを目指しています。

『本屋はサイコー』新潮 OH! 文庫

安藤哲也著作集

安藤哲也自身もたくさんの本を発行している。

安藤哲也の著作

・出版クラッシュ !?―書店・出版社・取次 崩壊か再生か 超激震鼎談・出版に未来はあるか？〈2〉著者：安藤 哲也、永江 朗、小田 光雄 /2000/ 編書房
・本屋はサイコー！/2001/ 新潮 OH! 文庫
・PaPa's 絵本 33 ～パパのための ROCK' N 絵本ガイド /2008/ 小学館
・パパの極意 仕事も育児も楽しむ生き方 /2008/NHK 出版 生活人新書
・家族の笑顔を守ろう！ パパの危機管理ハンドブック /2012/ ホーム社
・パパ１年生 /2012/ ホーム社
・父親を嫌っていた僕が「笑顔のパパ」になれた理由―親を乗り越え、子どもと成長する子育て /2013/ ファミリー新書
・できるリーダーはなぜメールが短いのか /2015/ 青春出版社
・「パパは大変」が「面白い！」に変わる本 /2017/ 扶桑社
その他多数。

翻訳絵本

・ぼくとおとうさんのテッド /2008/ 文溪堂
・ジミーのムーンパイ・アドベンチャー /2008/ 文溪堂
・FC バロセロナの魔法の世界 /2018/FC バルセロナ

TAKIBI の運営システム

①

棚主をご紹介します。

1. TAKIBI のサイトに行くと「棚主紹介」のコーナーがある。

②

深呼吸書店4号店
(店主・橘川幸夫)
start date : 2023/06/19
棚主店主の橘川幸夫は、1972年に音楽雑誌「ロッキング・オン」1978年に全面投稿雑誌「ポンプ」を創刊。参加型メディアを一貫して追求。既存の出版業界に身を置きながら「もうひとつの参加型出版業界」の成立を探っています。
現在、シェア書店は以下の棚主となっています。

3号店(調布市・仙川)センイチブックス

2. 棚主をクリックすると、棚主個人の画面が出る。

③

深呼吸書店4号店(店主・橘川幸夫)
疾走日記 吾妻ひでお
深呼吸書店4号店(店主・橘川幸夫)

深呼吸書店4号店(店主・橘川幸夫)

深呼吸書店4号店(店主・橘川幸夫)

3. 棚主が販売中の書籍一覧が出る。棚のスペースによって販売できる数の制限があるが、安藤店長の采配により、テーマごとに他人の棚に置き換えたり、店頭のワゴンに入れられたりする。

④

深呼吸書店4号店(店主・橘川幸夫)
疾走日記 吾妻ひでお
¥500 税込
商品の状態
非常に良い

4. 書影をクリックすると、書籍の詳細データの画面に移り購入予約ができる。
※ サイトで購入できるわけではなく、予約して、店頭に行き商品が引き渡される。予約購入して受取りに行くとドリンクを一杯サービスしてくれる。
※ 棚主の方には管理システムがあって、店頭で本の決済が行われると棚主のメールアドレスに、「販売通知」が届く。売れると、想像以上に嬉しい。

⑤

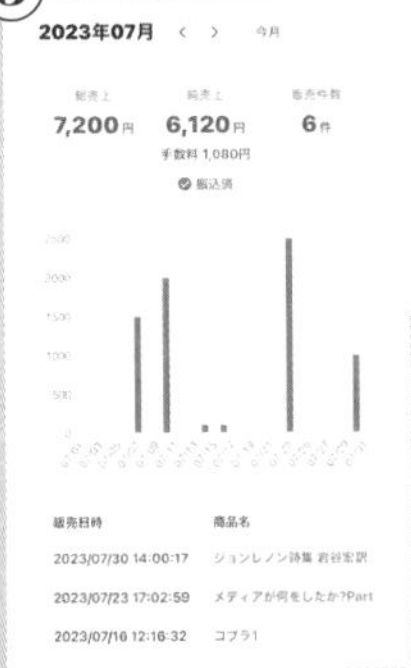

2023年07月 < > 今月
総売上 7,200円
純売上 6,120円
手数料 1,080円
振込済
販売件数 6件
販売日時
商品名
2023/07/30 14:00:17 ジョンレノン詩集 岩谷宏訳
2023/07/23 17:02:59 メディアが何をしたか?Part
2023/07/16 12:16:32 コブラ1

5. 棚主の管理者ダッシュボードには、毎月の売上レポートが表示される。
※ 棚主の家賃はカード決済で行い、売上は手数料を引いた金額が振り込まれる。

⑥

SHOWAハタキ

商品の状態

商品の説明
<はたき仕様>布製はたき
柄40～50cm/羽20～25cm/素材：竹、日本てぬぐい等

●竹の先端にクッションを仕込んでいるので、万が一はたき損じても傷をつける事がありません。

6. なお、TAKIBI で販売出来る商品は、書籍・雑誌の他にレコード、CD なども可能。TAKIBI 購買部では、オリジナルの T シャツやマグカップなどを売っている。その他、安藤店長に相談すると対応してくれる。若い子がオリジナルの「はたき」（書棚をパタパタするもの）を作って販売依頼をしてきたが、結構、売れているという。

SCENE 2 出版・印刷系

シェア図書館・シェア書店の行先

全国一斉に花開いた、本をめぐる「シェア」の動き

前川珠子（宮城）
スピリチュアルアーティスト

1．出版の危機

１９９０年後半、インターネットの普及と同時に、日本の活字離れが始まった。スマホが一般的になり、黒船のようなアマゾンに押され、町の本屋が続々と潰れてく。紙の本が売れなくなり、粛々とグローバリズムが進む。効率化を推し進める世界的な流れは、市民の暮らしを雪崩のように突き崩していった。

図書館業務は経費削減のため、民間企業に管理を委託。ベテラン司書たちは解雇され、非正規雇用に置き換わった。ツタヤが選ぶ本は、売れ筋ばかりだ。取次による商品の独占、オンライン書店だけが値引き可能な販売システムなど、現在の書店を巡る状況は厳しく、２０２３年の夏はさらに書店の倒産が続いた。

アマゾン等特定の電子商取引サイトに本の販売を独占させることには、大きな問題がある。独占は商品のコントロールと、際限のない値上げにつながるからだ。価格破壊による競合他社の破壊、利益率40％を超す値上げを繰り返したオランダの学術情報誌エルゼビア社の例がある。２０１２年、フィールズ賞受賞のガワーズ等世界の９０００人の数学者たちによるエルゼビア社への論文執筆ボイコット運動「学界の春」は、記憶に新しい。（２０１２年４月９日付ガーディアン紙）

2．シェアの開始

シェア型書店は、そんな状況の中、本を愛する一般市民の中から、自然発生的に生まれてきた。出店者に店番を任せて「日替わり店主の古本屋」として営業するアイデアを最初に始めたのは、２０１３年、大阪「みつばち古書部」が元祖といわれる。

しかし、複数の棚主による古書販売を「シェア型書店」と命名し、カテゴライズしたのは２０１９年、中西功、中西健による吉祥寺ブックマンションが最初である。この形のシェア型書店は近年ものすごい勢いで全国各地に広がっている。どちらが始祖であっても、時代の要請の中から必然的に生まれたことに違いない。巷に数あるシェア型書店の中には、２０２２年グッドデザイン賞をとった、一般社団法人ケアと暮らしの編集社によ

る「だいかい文庫」などもある。

グッドデザイン賞の受領理由は、マイノリティの居場所ではなく、本というテーマに興味をもつ人が集まれる図書館であり、居場所であること。

本棚は住民が低額の料金でレンタルし本を並べる。お店番という役割をもつこともできる。相談の場に来た住民を医療福祉専門者が、ケアと町をつなぐコミュニティを処方（社会的処方）する、というのが、デザインのポイントだそうだ。

この、「社会的処方」という考え方は今後大切になってくるように思う。

3．社長から店主への変身

筆者が福岡糸島のブックマンション「顔の見える本屋さん」にお邪魔したのは2023年2月4日のことだった。このシェア型書店を運営するのは、元外資系企業の日本法人社長などを歴任した後、コロナ禍ですべてを捨てて糸島に移住した中村真紀さん。糸島メイドの色鮮やかな柄のスカートが印象的だった。

吉祥寺のブックマンションに刺激を受け、ビジネスパートナーと組んで運営している。「店番が日によって違うので、お客さんにコーヒーをどんな形でサーブするか決めるのもおおごとなんです」と真紀さんは言う。「若者からお年寄りまで、棚主になってくれた皆が満足する形を作るのは難しい。でも何かができないからといって、その人を排除することはしたくない」

店内は大きな本棚が壁一面を占めている。棚の一つ一つが、個性的だ。糸島で有名な、平原古墳を発見した考古学者原田大六さんのマニアなファンの棚。『遺伝子易経』、非売品の『タッチフォーヘルス』など癖強めな棚。一つ一つの本棚がまるでその人の「箱庭」のよう。区画店主は皆で分担して店番を行い、店番不在など、不測の事態にもみんなで対応する。

区画店主さん同士が一つのコミュニティになっている。同窓会で一つの棚を借りている例もある。「糸島には濃い人が多いけど、それは本当は糸島に限ったことではなくて。ありのままでいられたら人は皆〈濃い〉んだと思うんです」と言う真紀さん。もしかしたら人は、一人だけで、個性をもって立つことはできないのかもしれない。ありのままでいることにも、自分を生きることにも、他者の存在が欠かせないのではないか。と、店内の無数の本棚を見ながら思った。

大会社の社長として、たくさんのお金

を稼いでいただろう真紀さんが、儲からなさそうなブックマンションを運営していることが不思議で、理由を聞いた。「面白いでしょ」と真紀さんは笑った。「本当の豊かさってお金じゃないんですよ。ここにいるとそれがよくわかる」めんどくささは豊かなことなのだという口調が、何ともいえずあたたかい。

4・ネットワークされていく世界へ

２０２１年フランスで、書店保護を目的とした、アンチ・アマゾン法が成立した。日本にも書店のない自治体が増え、地域文化は危機的状態にある。２０２３年７月東京都台東区に誕生した「Book & coffee 谷中ＴＡＫＩＢＩ」のオーナー安藤哲也さんは、日本のすべての町に本屋さんを復活させたいと、この書店を立ち上げた。「これは実験なので、実験が成功したら、たくさん増やしていきたい。もし失敗しても実験だからいいんです」と言って安藤さんは笑う。本屋に入って本を見る。自分に関心のある本のタイトルだけが浮き上がるように目に入る。そのようにして選び読んだ本によって頭に収まった情報が繋がり、やがてそれが知識になって、教養群にネットワークされていく。

シェア型書店にあるのは情報の羅列ではなく、無数の人間の選んだ選択のネットワークだ。それは私たちを遥か別の世界に連れていくバネのような力をもつ。かつて面白い本屋には特色のある本が並んでいた。本の量ではなく、選択が、センスが問われていたのだ。一度は失われた、そんな世界へシェア型図書館、シェア型書店は、小さなまとまりとして戻っていく。人は他者の中で呼吸し、新しい言葉を吐く。そのための土壌として、これからもシェア書店は発展していくだろう。いつか点が線になり、線が面になりやがて世界を覆いくすまで。

『イコール』はシェア書店を常備店として使います。

創刊０号のテスト版を発行した『イコール』は、今後、定期刊行物として発行していきます。全国各地のシェア書店の小さな棚をひとつひとつお借りして、『イコール』の新刊、バックナンバー、その他、『イコール』の動きから誕生した書籍などを販売していきます。全国的に拡がるシェア書店の動きと連動して、新しい出版流通の道を探りたいと思います。新しい革袋には新しい酒を！

深呼吸書店（『イコール』がお借りしているシェア書店、シェア図書館の一覧）

０号店（茨城県石岡市）
つながる図書館

１号店（千代田区神保町）
ブックカフェ二十世紀

２号店（福岡県糸島）
糸島の顔がみえる本屋さん

３号店（調布市仙川）
1000+1BOOKs センイチブックス

４号店（文京区千駄木）
Books & Coffee 谷中・TAKIBI

５号店（京都市上京区）
こもれび書店

以下、拡大の予定。

シェア書店の棚主になってみて

神保町「猫の本棚・人生１００年書店」棚主　**久恒啓一**（東京）ＮＰＯ法人代表

参加型の新しい古本屋の親父さんになるのは楽しい！

２０２３年４月18日に神保町のシェア書店「猫の本棚」（nekohon.tokyo）に「人生１００年書店」をオープンしました。

神保町の「猫の本棚」。売上の一部は捨て猫の保護活動費用として寄付している。

「猫の本棚」には１５０ほどの棚が用意されています。棚主は、映画関係者が多い。映画監督、脚本家、特撮技師、映画プロデューサー、映画評論家、映画関係の著述者、アジア映画評論家。女優の秋吉久美子文庫、噺家の春風亭一之輔師匠の棚もあります。

高校生の棚主と知り合い、最年長と最年少の棚主との交流ということで、写真を撮られＳＮＳで紹介されたり、名古屋からの女性と交流したり、漫画の棚の棚主からも挨拶があるなど、棚主同士の交流も面白いものがあります。韓国やタイからも見学やテレビの取材もあるそうです。全国のシェア書店とそこに展開している棚主たちとの交流も私は夢見ています。

新刊書を中心とする分類ごとの並びではなく、棚主による選書という参加型の書店は、それぞれユニークで、手作り感覚にあふれており、実に楽しい空間になっています。新しい古本屋とでもいう

棚主の映画評論家・映画監督の樋口尚文さんと私（右）

私の「人生100年書店」

のでしょうか、ミニの古本屋めぐりをしている感覚になります。

オーナーの樋口尚文さん（映画監督、映画評論家）によれば、紙の本を読む習慣がない若い層の後に続く世代では、本を読む人が増えているとのことで少し嬉しくなりました。

「猫の本棚」は、映画関係者が多く、私はやや場違いな感じもあるのですが、今まで知らなかった世界を探検している感覚です。

シェア書店の棚主を希望する方は、その地域の人たちの気風や、書店オーナーの方針、棚主が展開する本の分野なども考慮の上、選ばれるのがいいと思います。

偶然の本の森で、遊ぼう〜シェア書店棚主からの報告

田中よしこ（京都）
フリーランス

さまざまな棚主が作り出す偶然の本の森

2023年7月から、京都御苑の西にあるシェア書店〈こもれび書店〉で棚主をしている。屋号は〈パンダ書房〉。パンダ好きなことから名づけてみたらしっくりきて、決めた。所在地は、京都市上京区椹木町。ビル2階の一室に、書棚、イベントができるスペース、ギャラリーを備える。横幅が約40㎝、約80㎝の2

種類。計50段ほどある棚は、1段あたり2500~3500円/月で借りられる。書籍と、条件を満たせば雑貨等も販売可能だ。販売手数料は書籍は売上の10%、書籍以外は同15%。

私が棚主になったのは、還暦手前で引越をした昨年、本の山を前に「あの世へは持って行けんし」と考え始めたのがキッカケだった。でも好きな本は二次店への投げ売りじゃない形で手放したいと思っていたところに、シェア書店という業態が登場。昔抱いていた「本屋さん」の夢も少し叶うなと思い、同店を見つけて即申し込んだ。

棚主ライフは、想像以上に楽しい遊びだった！

古本でいうと、ただ不要な本を換金するのとちがって、愛がある本を価格とディスプレイも自由に自己表現しながら販売するプロセスそのものが報酬。「酒・食」の本を並べた私の最初2ヵ月間の収支は、累計で1800円の赤字と損しているのに、次の人に「届けられた」実感が持てて嬉しいのだ。

先日、向かいの棚のテーマが「JAZZ」から「日本酒」に変わっていた。皆好き勝手に本を入れ替えるから、オーナーすら予測不能なその瞬間だけの偶然の本の森が出現する。同時に、棚主同士が互いを見ながら選書を微調整するなど緩やかに平衡し連帯している感じもあって、面白い。

棚主を始めたい人は、店と自分の相性がわかるのでオーナーとよく話してみると良い。〈こもれび書店〉では各種イベントもあり、最初の印象通りおもろいオーナーがいろいろ繰り出してくるので、私も参加する内に顔なじみの棚主も出来てきた。各地に棚主の同志とそれぞれどことも似ていない本の森が、広がっていくことを願う。

文学フリマは90年代の新宿ゴールデン街だ！

裏六本松プロジェクト（バーの店主）
松島凡（福岡）

文学フリマ（福岡）のブースの管理をいきなり頼まれて感じたこと

21世紀も中盤に差し掛かろうとする今日、自身で文学を定義しようとすると「文学フリマ」にたどり着くのではないでしょうか（ヒストリーチャンネル　古代の宇宙人風）。

9月半ば、段ボールに入った本が届いた。

「福岡で文学フリマが開催されるので出店するように」（ゴッドファーザー断れない条件風）バーの還暦親父がいきなり一人で出店というのも無茶なので近所の古書店バー「青柳堂」店主青柳氏に同伴してもらうことに。

当日、会議机半分ほどのスペースにショップが並ぶ、その数、数百店舗（インディジョーンズ倉庫風）。大学や高校の文芸部のショップ、硬派な文学作品からBLやおい系、ロリ画集、謎のグッズ販売までもはやカオス（ブレードランナー雨の繁華街風）。

文学フリマ(福岡)で販売した書籍

青柳氏の手引きで見どころ10店舗ほどを訪問、数冊購入。それらを読んだ後不思議なことに『箱男』や『悪霊』なんかを読み返したくなる。（『失われた時を求めて』は除く）。自身が著者と読者の中間にいるような今までにない感覚に陥ってしまった一日（ちょっと転生系アニメな世界観）。

酒が本（文学）に入れ替わった新宿ゴールデン街を彷徨う、それが文学フリマ。

橘川幸夫と淵上周平の世間話（第１回）

本格的な参加型シェアリング社会の開始。「シェア書店」「シェア図書館」で何が変わるか。

一人ひとりの自発性が集まって新しい社会が育っていく。

シェア書店

橘川　シェア書店の棚主をやってみて、大変な事が起きた。

淵上　なんですか？

橘川　本を買うようになったんだ。

淵上　どういうこと？

橘川　私は30歳までは多読派だったと思うが31歳で自分の本を出して以来「本は読むものではなくて書くもの」と決めた。読む本は、ベストセラーとか現代のものではなくて、明治・大正の本を漁ってた。現代に書かれた本は、自分が考えて書くこととつながってきてしまうので、自分より先に書かれてあったら悔しいではないか（笑）。だから、普通の人が読まない本を読んできた。

淵上　流行りの本は嫌いですよね。

橘川　もちろん本は好きだし、普通に読むんだけど、面白そうだな、と思う本はKindleで買うようになっていた。電子書籍ね。リアル本は若い時は棚に並べて満足してたが、年取るとあとのことを考えてしまう。それが自分のシェア書店の棚が出来ると、リアル本を買えば、そのあと売れるじゃない。電子書籍では売れない。

淵上　ブックオフとは違うんですか。

橘川　違うね。数年前に蔵書を大量処分して、団体に寄付したり、ブックオフで処分したけど、ブックオフに売るのはちり紙交換と同じで、その先どうなってしまうのか分からないので、虚しい。それがシェア書店の棚で売れると、なんか個人に手渡しした感じで嬉しくなる。自分が選んで買った本を、別の知らない人が買ってくれたら、なんとなく時代の同志感覚が生まれるんだよ。

淵上　ブックオフは本の内容なんか関係ないですしね。

橘川　私が10代の時に買った本が、シェア書店のＴＡＫＩＢＩで売れたんだ。なんか生前贈与の形見分けみたいな感じで、本を次の世代に受け渡したという感じになった。

淵上　まさに時間を超えていくメディア

なんですね。

橘川　日本の古書店業界というのは、大量に発行される書籍の中から、次の世代にも大事だと思う本だけ仕入れて、一時の流行本は引き取らない。そういうメキキの古本屋の親父がいて、出版文化の歴史が継承されてきた。ブックオフのような新古書業者は、中身なんか関係なく本を扱っていて、悲しい。

淵上　シェア書店が増えると、リアルな本の売上につながるかも知れませんね。

橘川　そうだな。谷中のシェア書店の安藤哲也くんは、日本各地の書店が消えた地域に書店を復活させようと頑張っているが、彼の書店イメージが、まさに「新刊書」と「シェア書店」の併設書店なんだ。シェア書店ばかり増えても、新しい本が売れないと、出版業界が完全に崩壊しちゃうからね。

新しい出版文化

淵上　シェア図書館はどうなんですか。

橘川　あれも、本を提供する人と借りる人の1対1の関係が一番の価値だな。本というのは、単なる量産品のプロダクトではなくて、一人の著者と一人の読者が本という商品を媒介にして、つながる商品なんだ。

淵上　シェア図書館も最初は、「自分でお金出して本を提供するような人がいるわけがない」と言われてたそうですね。

橘川　近代のビジネス万能の発想からすれば、あり得ないと思うんだろうね。しかし、そもそもインターネットというものが、それまでの原稿料をもらってコンテンツを提供するのではなく、それぞれの個人が身銭を切ってパソコン買って、プロバイダーと契約して、通信料払って自己表現するシステムなんだな。ボランティアもそう。お金を貰わないと労働しないという意味での労働とは違うものなんだ。近代の資本主義を超える、新しい動きがいろんな局面で現れていると思うよ。

淵上　そういう時代認識で『イコール』を創刊したのですね。

橘川　私は、新しい出版文化は「本・雑誌」の生産と流通が一体化しなければならないと思うんだ。現在、シェア図書館やシェア書店のお客になってきている人たちは、現在の出版文化の最良の読者だと思う。ネットや宣伝や文学賞の受賞騒ぎで読みたい本を購入するのではなく、何もないところでゼロから自分の読みたい本を探している人たちだと思う。しかも新しい動きへのアンテナが高くて行動力もある。まさに「時代ミーハー」なんだと思う。まだこれからだと思うが、シェア図書館・シェア書店のお客の中から、次の出版文化のプレーヤーになる人が出てくると思う。本を書くには、ちゃんと本を読んでないと無理だよ。

淵上　読者ターゲットはあるんですか？

橘川　『イコール』は一般書店にも流すけど、読者イメージは、「シェア図書館・シェア書店」「文学フリマ」などのお客さんたちかな。

淵上　『イコール』には「孵化器」というコーナーがありますね。

橘川　新しい雑誌を作りたい人、新しい本を出版したい人のためのページを用意してある。いきなり単行本を出すより、雑誌で一部を公開すると、自分でも紙に印刷されるというのはどういうことなのか、反応はどうなのか、ということが分かるはず。

淵上　「シェア図書館・シェア書店」のムーブメントの中から、新しい出版文化が生まれると楽しいですね。

橘川　シェア図書館の火付け役は、焼津ではじまった「みんなの図書館さんかく」の土肥潤也くんという若者なんだけど、彼は、シェア図書館の運営ノウハウを各地のシェア図書館に提供している。彼のコンサルしているシェア図書館が１００館出来たら、その中で自分たちで読みたい本を出版しようと考えている。

　本誌で紹介しているけど、シェア図書館のシステムを提供しているリブライズがシェア図書館で本を売る仕組みを模索している。

淵上　ちょっと前に「シェアエコノミー」（シェアエコ）という言葉が流行りましたね。

橘川　あれはタクシーでも民泊でも、旧来のビジネス構造の中で提供者を募集したものだが、今起きている「シェア図書館・シェア書店」の動きこそが、一人ひとりの自発的な動きが社会的な形になるという意味で、本格的な参加型シェアエコノミーの時代がはじまったという感じだな。

淵上　わくわくしてきますね。

橘川　『イコール』はそうした時代の潮流と一緒にスタートして、みんなと協力しながら次の時代や社会を作っていきたいな。

橘川幸夫（『イコール』編集長）
1972 年音楽投稿誌「ロッキング・オン」創刊。
1978 年全面投稿雑誌「ポンプ」を創刊。
以後、参加型メディア開発一筋。

淵上周平（株式会社シンコ代表）
神奈川県生まれ。中大卒。出版社、
IT ベンチャーを経て独立、
株式会社シンコ代表。

つながる図書館（茨城県石岡市）が誕生しました。

最近、知らない人と出会いましたか？　お近くに出会う場所はありますか？

平方亜弥子（石岡市）
つながりつながる研究所

茨城県石岡市八郷で40年近く続いた歯科医院が廃業した後、そこは「つながる図書館」に生まれ変わった。

２０２１年秋に構想し、２０２２年３月から解体・リノベーションを重ね、２０２３年３月25日に開館して、約半年。さまざまな出会いがあった。月に２０００円支払うと、その本棚の中は自由。多くは訪れる誰かに読んでほしい本だけど、自分が書いた本、木工作品、針仕事、サンキャッチャー、アルバムＣＤ、創作ストーリー、焙煎コーヒー、クレイ、お米、種。売るつもりのものから見せるだけのもの、あげます！まで、さまざまなものが並ぶ。

頻繁に棚の中身を入れ替えにくる人もいれば、カフェで、南インド料理やビーガン、発酵食のプレートランチ、かき氷の営業をする人や、集会室でボディワークや対話の会、朗読会を催す人たち。本を借りにくる人やチラシを置きにくる人。

この場所がなかったら、出会わなかった人、顔見知りだったけどちゃんと話したことはなかった人たち。一期一会から始まって、貢献と参加の深まる場所に少しずつ育っている。

静岡県焼津駅の商店街で２０２１年春に始まった一箱本棚オーナー制度の「みんなの図書館」のムーブメントは、各地域の特性や、立ち上げた人たちのニーズによって、さまざまな形に花開き続けて、現在60館近くがオープンしている。あなたの近くにもありますか？　なければ、つくりませんか。

TSUNA_TOSHO

つながる図書館　インスタグラム
https://www.instagram.com/tsuna_tosho/

言葉の力塾

松本 龍二

言葉に対して、何でもネットで検索していると、言葉への関心が薄れてしまうのではないか。言葉は単なる記号ではなく、人間の内面を多様に表現することができる。私たちがまだ知らない未知の言葉が多く存在している。

言葉への関心を高めるために「言葉の力塾」は始まった。自分の気に入った本や文章から気になる言葉や文体を見つけて語り合う会である。一番の魅力は、自分では選ばなかった本を紹介してもらって、知らなかった言葉や考え方を知ることができるということ。参加者は自分の読んだ本や文章から、感動した言葉やフレーズ、勇気づけられた言葉、謎めいた言葉などを持ち寄る。言葉や文体が持つ意味や魅力、背景や作者の思いなどについて、共に考えたり感じたりする。そこで新たな感動と発見に満ちた楽しい時間が過ごせる。

「言葉の力塾」は２０２１年12月21日にスタートした。これまでに26回開催され、多くの参加者が言葉や文体の魅力を共有した。例えば、１００歳の詩人・柴田トヨさんの詩集からは「生きることは素晴らしい」という力強いメッセージが伝わってきた。『山頭火・放哉　自由律俳句へ』からは、自由律俳句の先駆者である種田山頭火と尾崎放哉の生き方や作品に触れた。『大和言葉　日本人が忘れてきたことば』では、日本古来の言葉や文化について学んだ。佐久間宣行の『ずるい仕事術』などから「ずるい」という言葉の意味の変遷から、効率的で賢い働き方を学んだ。『手仕事の日本』からは、柳宗悦さんが提唱した民藝の精神や美意識に触れた。

「言葉の力塾」で語られる言葉や文体は、まだ多くの人には知られていないものばかりである。ぜひあなたもこの塾に参加して、自分が読んだ本や文章から気になる言葉や文体を持ってきてほしい。他の参加者と共有することで、新しい発見や感動があるだろう。ぜひ一度体験してみてください。

「言葉の力塾」の詳細は、QRコードから。

新聞販売店の存在を考えたことがありますか？

～新聞販売店研究者の目～

「新聞配達の日」に思う

日本新聞協会は毎年秋の「新聞配達の日」(10月15日)に合わせて「新聞配達に関するエッセーコンテスト」を開催する。入選作はホロリとさせる話、深刻な社会課題を指摘した話などさまざまだが、おもてに出ないエピソードは無数にあるのだろう。

私は、世界でもまれなメディア流通システムである新聞店の可能性を信じて調査と研究を行っている。商談や取材で話を聞いた関係者は500人近くになるが、多くは業界を去っていった。エッセーはその人たちがもがいた人生にも重なる。

エッセーだけではなく新聞店から気付かされることは多い。見聞きしたことのいくつかを紹介したい。

新聞店と牛乳店が発行する領収書を比較したことがある。新聞の領収書は男性宛が多く牛乳の領収書は女性宛が多い。橘川幸夫氏は、かつて家長である父親が新聞を読んで社会の動きを家族に伝えるものであったと指摘した。新聞の領収書に男性名が多いのはその名残だと思う。営業する際に「主人に聞いてみないと……」という声をよく聞くという。

平成のはじめ、高度成長期に開発されたニュータウンを担当する新聞店で夕刊を止めたいという読者が増えた。区域にはエレベーターのない団地が多く、朝刊は階上まで届けていたが、夕刊は1階のポストに入れており、毎日外へ出なくなった高齢者が現れたのが原因だ。このような社会現象を時に研究者やジャーナリストよりも早く察知するセンサーを新聞店は備えている。

玄関先に刺さったままのカギを見つけた時の対処法を配達員の間でディスカッションする店がある。もちろん正解はないが、新聞店は知らないうちに読者でもないあなたの安全を考えてくれている。

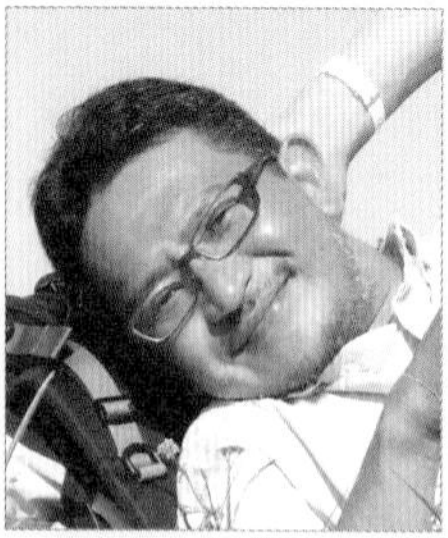

青山一郎（神奈川県）
株式会社ペーパーメディア研究所

1963 年生まれ。新聞販売店向けの専用機器 / コンピューターのサプライヤー企業を経営。
退任後は慶応義塾大学 / 東京大学大学院にて新聞販売店の研究を続け博士（学術）を取得。

「新聞販売店と地域貢献：可能性と課題」『日本地域政策研究』2015 年
「新聞販売業における地域性と事業継承」『事業承継』2018 年
「新聞販売業の空間構造 第 2 章」Kindle　2022 年

新聞販売店の模索

　現代では、新聞店の存在すら知らない人も多いだろう。ただ20万人の配達員の営みは今でも社会に組み込まれている。

　新聞はニュースというコンテンツを紙に落としたパッケージ（新聞紙）であるが、日本では家庭に配達して初めて商品となる。新聞紙は供給側の理由で簡単にはなくならない。依然として輪転機は新機種に更新されており、それは今後数十年刷り続けるという新聞社の意思表示である。新聞店も新聞ビジネスの片棒として残る。読者が発行部数以上に減ったとしても。

「150 年の間に新聞販売業は社会に組み込まれた。昭和 20 年代の光景」写真提供：渡辺新聞店

　片棒としての本質的な機能は配達と拡張（業界用語で営業活動のこと）であり、試算によると配達はまだ部数減への耐性がある。また、激減したとはいえ既存の新聞ビジネスが成り立っている間は、拡張に追われ続けるのが宿命だ。景品や外注セールスマンを用いた拡張は新聞店誕生以来熟成されてきたやり方であり、しばらくの間は残るだろう。

　一方、高齢者の見守りなど社会に組み込まれた副次的な機能を金銭化しようとする動きはあるが、エリアを超えた成功例は見当たらない。金銭化には高度な経営能力が必要であり、成功した新聞店のエッセンスを取り出したうえで自店地域にローカライズ出来る経営者がいないのだ。

　新聞紙という商売の種がなくなる時、熟成されたやり方は通用しなくなる。自店地域に合った新たなやり方をそれぞれの経営者が見つけられれば一番良いのだが、少なくとも他店の真似ができるシステム作りが必要である。

　地域に根ざした新聞販売店の全国ネットワークは、インターネットの時代だからこそ実現出来るキラーコンテンツやニューサービスの登場を待っている。

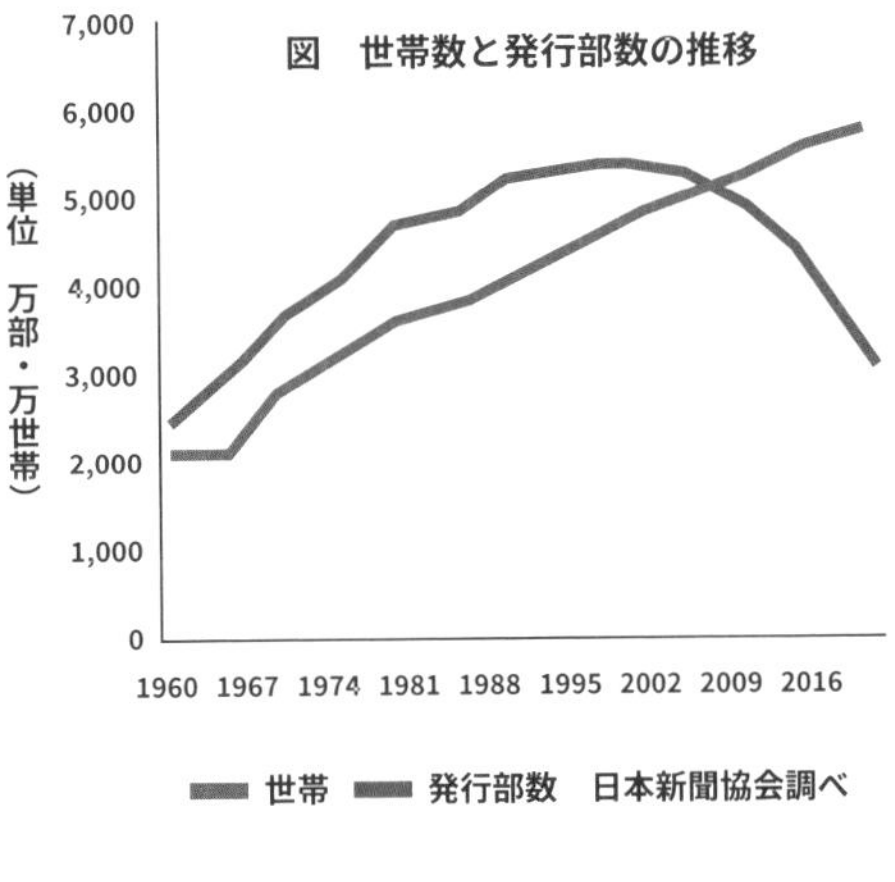

電子書籍 Kindle の次なる進化を考える

リーダープラスティック（読者可塑性）の時代に向けて

高橋信之（東京）
サイバーダイン株式会社代表

書店には申し訳ないが随分前から印刷書籍の購入はネット購入がメインだ。

筆者の居住・勤務地の地元書店が数年前に新装して「書籍数を減らす」という悪手にでたこともネットの本の渉猟回数が増えた理由で、その書店は在庫数を3割近く減らして、空いたスペースをゆったりとした内装（選書空間）と文具雑貨コーナーにあてた。

都市型の大規模書店やネット書店とは在庫数で適わない百坪未満の地元書店の苦境が見える。

留まることなく進化する電子書籍の優位性

筆者の毎月の購読数比率で印刷書籍と電子書籍の比率がついに逆転した。

紙と電子の本をそれぞれ月平均15点くらい購入し、常に30冊超の読みかけを抱える多読性読者の自分にとっては電子書籍の方が併読に向いているというのが理由。

毎月ほぼ同数の紙と電子の本を入手しているが、読みかけの利便性で電子が多くなった。読了する数も電子の方が多くなったということだ。

日本の出版産業は年商1兆6千億円、かつて2兆円もあった雑誌と書籍の売上は1兆円強まで縮小し、それに代わって電子コミックが5千億円弱を占める。

引用した図は売上ベースの統計資料でここには無料のＷｅｂコミックは含まれていない。ネットで読まれる無償コンテンツが有償の出版物の市場に置き換わっているだけで実態として日本における読者の購読量（文化バロメータ）は決して減少していないと筆者は推測する。

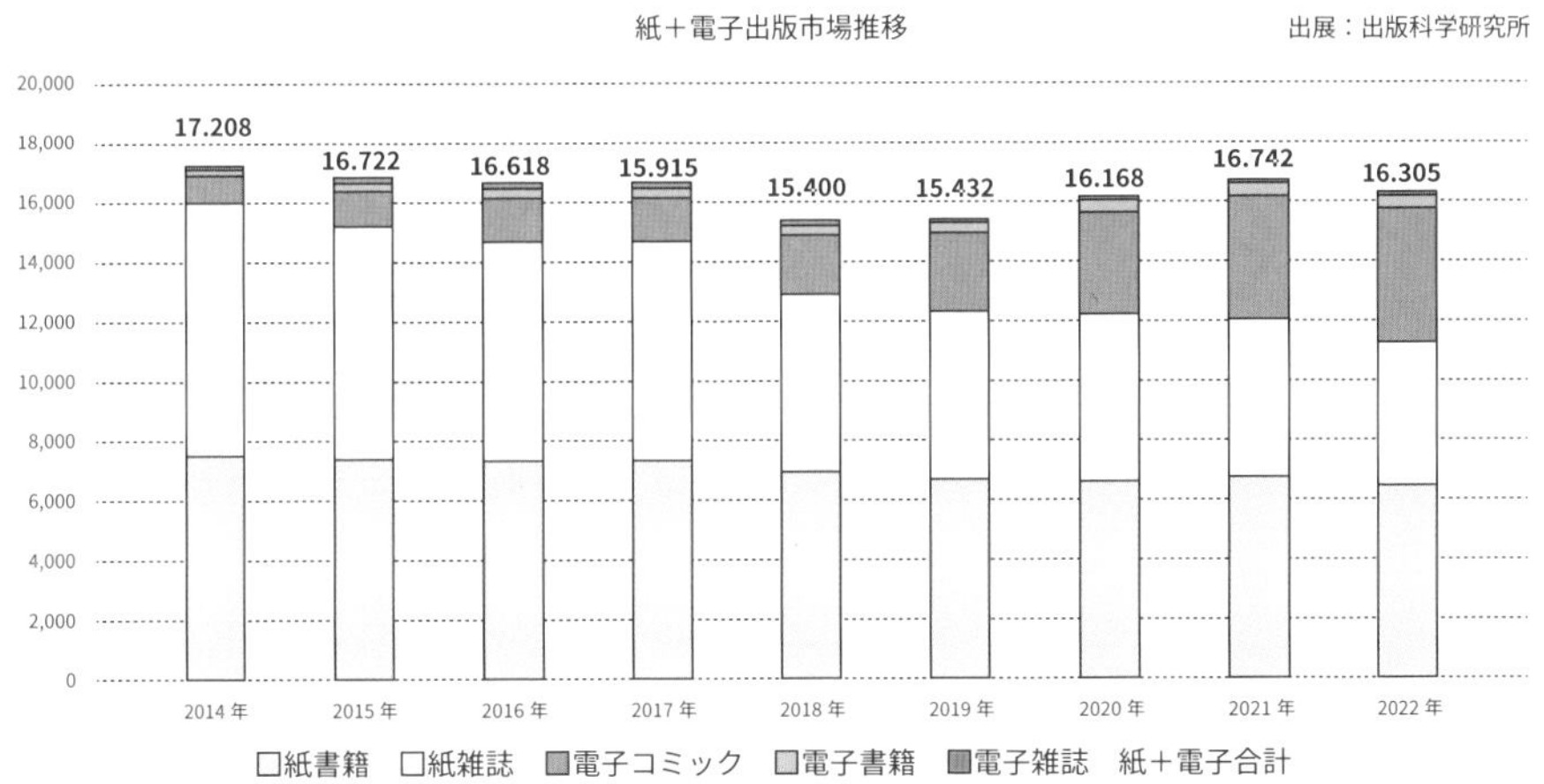

キンドル×タブレット＋クリッカーが劇的に便利

筆者の主たる電子書籍はキンドル（kindle）で、専用タブレットのファイヤ（FIRE）、スマホ、ノートPCをまたいでの多媒体読書スタイル。最近これにiPad（12・9インチ）が加わった。文字の大きさは変えられるし、読む場所は自由に出来るし、テキストメモは残せるし、電子書籍の利便性はこの10年でかなり向上し、Unlimited（読み放題）とKDP（ダイレクトパブリッシング）が加わったことで印刷書籍との協調性も高まった。

電子書籍で無料講読（Amazon Prime のサブスク）した後、リアルに蔵書したいと思ったら印刷書籍を買い直したり、オンデマンドで出力購入したりもできる。

マンガは Kindle に加えて、各社のプラットホームを利用するが、サブスクの導入によりネット雑誌講読が多くなり、単行本の購入は印刷版と電子版とに分かれた。

２０２２年に発売されたキヤノン製のリング型ページクリッカーがすこぶる使い勝手がいい。

大画面モニター、ノートPC、タブレットをまたいでの複数空間の読書のすべてにおいてスムーズなページ送り・戻りが可能となった。

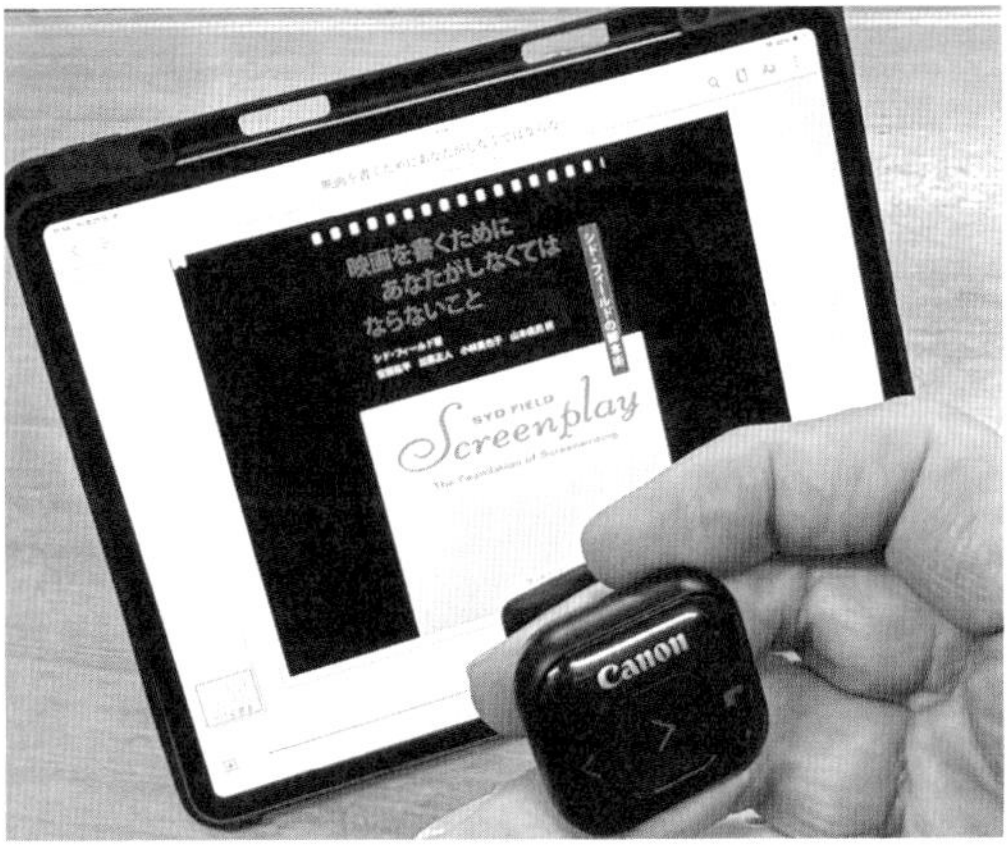

▲ ページクリッカーは便利

リーダープラスティックへの期待

現代の日本では「プラスティック」は合成樹脂を意味する語へと語彙転化が行われた。

英語の樹脂は「レジン」で、本来のプラスティックは英語で「可塑性」すなわち熱や圧力でカタチを変えることを指している。

たとえば電子書籍の組版だが、これはプリミティブ極まりない状態。デザイナーや編集者としては我慢出来ない人も多いと思う。

Kindle の文字フォント種は明朝とゴシックのふたつ（縦組・横組の区別なし）、大きさと行間はある程度の可変性を持つが、文字間の詰めとか強調太字や傍線は出来ていない。

このあたりは今後に期待。

InDesign レベルでの可塑性（プラスティック）は求めないが、せめてパワポやワードには近づけて欲しいところ。好きなフォントや字間行間で読みたいよね。

▲キンドル読書の時間

翻訳書籍の原典表示機能に期待

ロゼッタストーンを見習って。

翻訳文を読んでいて、「ん？　これ原文はどう書いていたんだろう」と思うことがたまにある。訳者の技能を疑っているのではなく（たまに誤訳にも遭遇するが）、ニュアンスや英文ならではの比喩や引用が知りたいのだ。

この原典アプローチや多言語対応についてはWikipedia の方がよほど先を行っている。

範囲指定すると原文を表示する機能があるといいなあと思う。

ちなみにタカハシはディズニー関連の研究書は（これは！と思ったものについては）翻訳本と原書をカップリングするようにしている。

少し前に「世界の図書館建築」写真を集めた本を刊行した時、この「訳書＋原書」のカップリングをしている図書館に興味を持った。

ヨーロッパ（とくに東欧）の図書館には現地語と英語（翻訳の双方向性）を選書の上位に置いているところがあったのだ。ソビエト時代の英米研究の名残？

日本では明治期～昭和期の東大図書館にそういう選書と配架があったようだ。

まあ、そもそも古代の図書館の機能って「多言語格納」がかなり上位にあったそうだ。

アレキサンドリア図書館とかも、ラテン語（ロマン語）、ヘブライ語、アラビア語の図書を収蔵していたし、天竺のシャカの四大聖地にはサンスクリット語、古代ヒンズー語、チベット語、漢語で経典があったと聞いた。

現在、世界の書籍はＩＳＢＮ（国際標準書籍番号）で管理されていて刊行国と出版社はわかるようになっている。ところが原書と翻訳書のＩＳＢＮマッチングはまったく管理されていない。翻訳書の原書リンクは Amazon ですら未着手。（いずれ Google がやりそう）

たとえば、『創造の狂気ウォルト・ディズニー』ダイヤモンド社　ISBN 978-4478001813 というディズニーのビジネス研究の名著（ニール・ガブラー著）は、原著では『Walt Disney: The Triumph of the American Imagination』という原題で ISBN 978-0679438229 となるが、この翻訳成果物と原著作物とはリンクしていない。

それどころか、Amazon の著者名もガブラー、ギャブラー、ゲイブラーと揺らいでいる。

これらの統合を果たして、原著表記と翻訳表記を並べて読めるようになってこその電子化のメリットだろう。

個人的には選曲カスタマイズ機能を！

マンガや小説など感情と感動のエンターテインメントコンテンツにつけたいのは「選曲セットリスト」なんだよね。或る作品を読む時には、このＢＧＭ（またはテーマ曲）を聴きながらという選曲機能。

Kindle と Spotify とをリンクさせるだけですぐさま実現できる。

サスペンス小説とニール・ヘフティのクールジャズとか、ゴシックホラーとバンゲリスやハンス・ジマーとか。

日本選書選曲家協会とかがあったら、「本に合わせた楽曲」マッチングのコンテストをやったり、作者自らによるセットリストオファーを発表したりとか。

書籍の奥付に Spotify のリストへアクセスするＱＲコードをつけるだけでも実現できますな（実は何冊かテスト版を作った）。

マンガ短編（読了時間５分）に合わせて５曲のＢＧＭを繋いでと。

まだまだやるべき進化ステップがたくさんありますなぁ、電子書籍も。

▲電子書籍を楽しむ筆者

シェルマが目指す、すべての場所が本屋になる世界

全国2600ヵ所の私設図書館のシステムを提供してきたリブライズの次の一手は？

地藏真作（東京）リブライズ合同会社代表社員

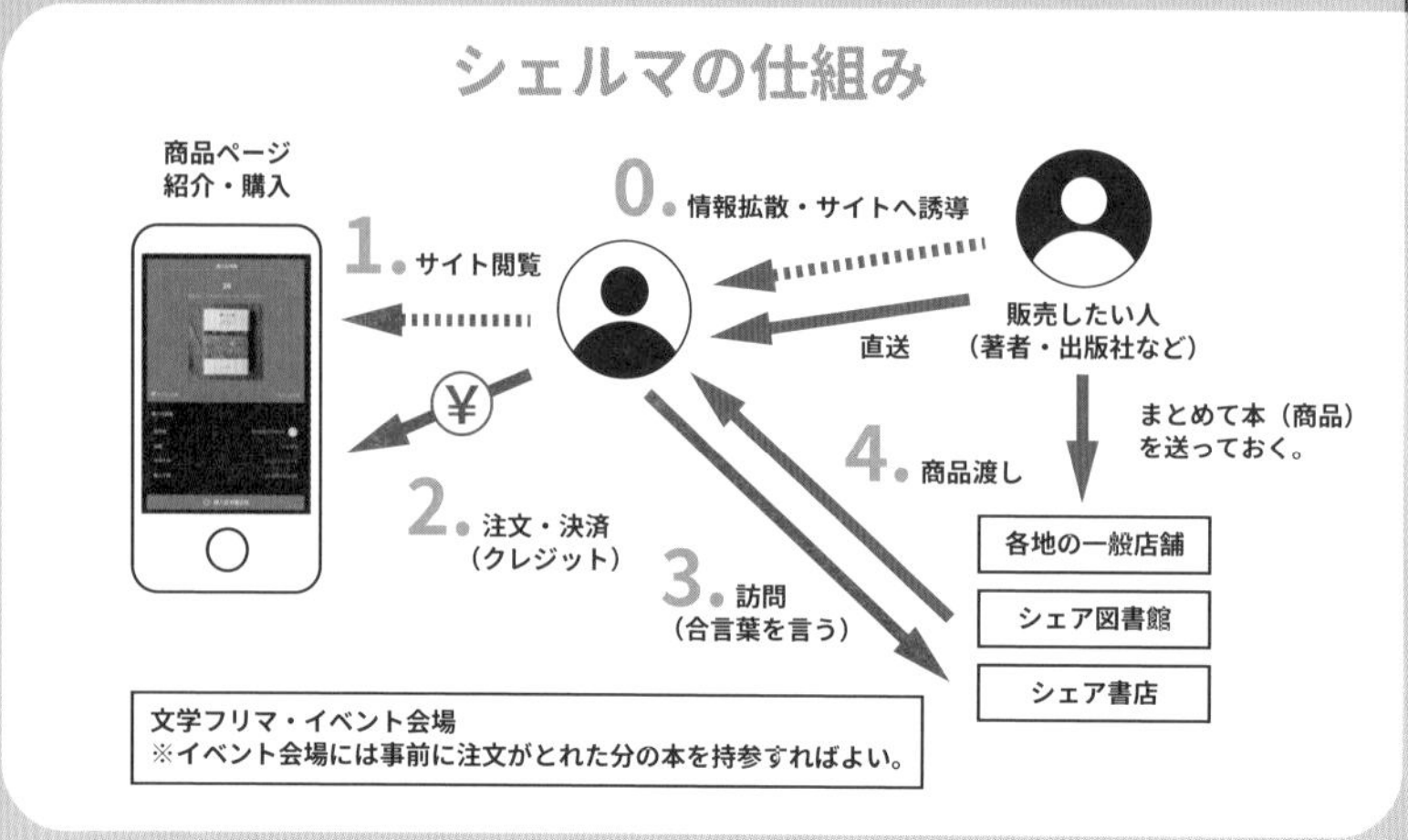

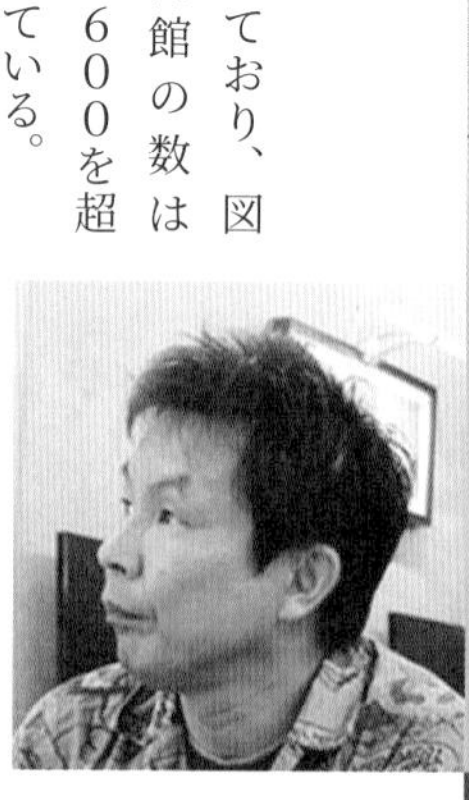

読みたいときに読めない本

本屋が減っている。

近所の本屋にふらっと立ち寄り、適当におもしろそうな本を見つくろって読むことができなくなった。自分が読みたい本と気軽に出会う場所がない。これは私にとってとても困ったことである。

とは言え、つぶれた本屋を買い取り、これまでのビジネスモデルで同じことをやっても意味はない。であれば新しい道を探すしかない。

リブライズ

10年ほど前から、リブライズというサービスを運営している。ネットにつながったパソコンとバーコードリーダーがあれば、どこでも図書館ができてしまうというWebサービスだ。現在は100万冊を超える「蔵書」が登録されており、図書館の数は2600を超えている。

ここでわかったのは、自分の持っている本を誰かに読んでもらいたいと考える人がたくさんいることだ。そして、読みたいと思っている人もたくさんいる。

アイデア

領域は異なるが、農業のことを考えた。調べてみると、農業以外の所得がある兼業農家は76%で、その中の8割が農業以外の収入が多いのだという。これだ、と思った。専業本屋が成り立たなくても、兼業本屋なら成り立つのではないか。本屋ではない場所を本屋にするのだ。

もう少し視点を変えてみる。本屋ではないが、本を売っている場所が実はある。コミケ、文学フリマ、東京アートブックフェア、一箱古本市、などなど。調べてみると、こちらも参加者は増えつづけている。

本を売る人の多様化

本屋でない場所で頒布されている本は実に多様だ。書籍の形態をとったものからZINEやフリーペーパーまで、自己表現のスタイルは幅広い。しかし、決して万人に向けたものではなく、興味関心の近い相手に深く刺さるものだ。

そして思った。インターネットを使えば、この多様な本とその書き手を、読みたい人とつなげることができるようになるのではないか。

一つのものを100万人が消費する世界ではない。100冊の本が一億人のうちの100人に届く、100万分の1の消費が無数にある世界である。

それは新しいサービスの原点になるアイデアだった。

アプリを作る

内部で議論を重ね、名前はシェルマとした。棚を意味する「シェルフ」と、市場を意味する「マーケット」を組み合わせた造語である。一棚からお店が作れる、そんな思いを込めて命名した。

まだ一般公開はしていないものの、特定の場所に依存しない「イベント」に、本を置いて販売できる仕組みが動くようになっている。

イベントには「合い言葉」を設定する。在庫数も指定でき、売り切れると購入ができなくなる。販売する本はイベントに「出品」することができる。

本のページやイベントをSNSなどで共有することで、読み手はそのページから事前に購入できる。

出品者には購入されると通知が来る。イベントでは、その本を受け取りに来るが、購入者のスマホには合い言葉が表示されるので、それが正しいことを確認して本を渡す。

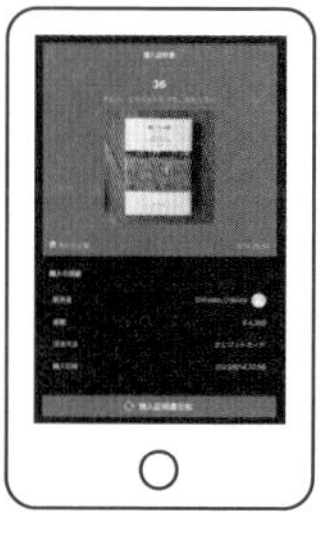

これらすべてはスマホのみで完結する。書き手・読み手のどちらにとっても簡単だ。

今後の展開

これはまだ目指す機能の半分で、残りの半分は「兼業本屋」をサポートするものだ。これができあがったところで一般に公開し、フィードバックを得ながら次の段階を目指していきたい。

著作権に関する質問を歓迎します。質問はイコール編集部「著作権なんでも相談室」までお願いします

回答者　入江武彦（東京）
会社役員／著作権コンサルタント

質問　ＡＩがテキスト、画像、映像、音声など、さまざまなコンテンツに使われてきましたが、ＡＩで作った画像を商用雑誌に掲載することは可能でしょうか。

回答　基本的には「可能」です。ただし「すでにある作品の権利を侵害しない限り」という条件は付きます。

最近、生成ＡＩをめぐる議論が多くなっております。もともとは２０１８年に行われた著作権法の改正により著作権法第30条4が既存の著作物の利用について生成ＡＩのためには「基本的にはどんどん使っていいよ」という事を定めたものなのですが、実際に生成ＡＩが実現して生成ＡＩによるアウトプットが増えていくにつれて、既存の作品の著作者たちは大きな危機感を抱くようになりました。

生成ＡＩが発注した人の注文に沿ってどんどん楽曲を作るようになればこれまでの作詞家作曲家は失業します。生成ＡＩが注文通りにどんどんイラストや絵画を作るようになればイラストレーターや画家は失業します。

こういった懸念は世界中に広まり、２０２３年の広島サミットでは「年内に生成ＡＩに関する国際ルールを作ろう」という目標が定められました。ひとことで言うと、デジタル化に積極的な日本が世界に先駆けて「著作権法第30条4」を設定したのに対し、逆に規制強化を進める欧州各国などと温度差が大きくなり、ルール策定の必要性に迫られたからです。

現在問題となっているのは2点。

「学習」つまり生成ＡＩのためのデータベースに既存の著作物を使用できるかどうか？

「利用」既存の著作物を模倣したようなアウトプットを可能とするか？

そして困ったことに世界的なものはもとより、日本の中でも指針となるような方針や裁判例がまだ出ていないため、生成ＡＩの利用に関する立場は私も含めて人によって様々です。

ただ、やはり言えることは冒頭に記述したとおり「既存の著作物の権利を侵害しない限り」使用できるのではないでしょうか？

入江武彦
1982年、テレビ朝日に入社。営業・国際・報道・新規事業などを経て2007年から7年間本社で契約著作権部長を務める。時はまさにYouTubeが日本でも見られはじめ、テレビドラマのネット配信も始まろうとする頃。放送と配信の新しい仕組み作りにJASRAC、音事協、レコード協会の方々とシビアな交渉を繰り返した日々を送る。現在はシンエイ動画株式会社常務取締役管理本部長。著作権コンサルタントでもある。

深呼吸書店

書評

『ドードー鳥と孤独鳥』 柳瀬博一

『ウルトラニッチ』 安川新一郎

『最新恋愛学』 田久保あやか

『一片万情　闘う編集者人生』 久恒啓一

『脱学校の社会』 片岡利允

『AI活用翻訳入門　英語は楽しい』 松谷愛

『さびしすぎてレズ風俗に行きましたレポ』 カプセレント具志

『実録秘宝館』 エンドウユイチ

『聖霊の舌――異端モンタノス派の滅亡史』 田原真人

著者と会える読書会

『BRAIN WORKOUT ブレイン・ワークアウト』 北野英隆

『積極的に治さない瞑想箱庭療法』 朝倉新

国書刊行会

『ドードー鳥と孤独鳥』
川端 裕人
定価 2,970 円

書評

人間が滅ぼした生物が物語の中で蘇生する

『ドードー鳥と孤独鳥』

ドードー鳥をご存知だろうか？ マダガスカル沖のモーリシャス島に暮らしていた巨大な飛べないハトの一種。17世紀、ヨーロッパ人の入植とともに瞬時に絶滅した。が、その姿は見たことがある、というひと、案外多いかもしれない。「ドラえもん」から「不思議の国のアリス」まで、不恰好なドードーは作家たちに愛される、「いまはいない生き物」の世界的代名詞である。

本書はそんなドードー鳥にまつわる最新のフィクション＝小説である。タイトルにある、もう一羽の孤独鳥は、ドードーよりさらに希少でやはり18世紀に人の手で絶滅した、モーリシャスの隣のロドリゲス島に暮らしていた、やはり飛べない巨大バトだ。

ただし本書は歴史小説じゃない。舞台は現代である。物語は千葉県房総半島の架空の谷「百々谷《どどだに》」から始まる。主人公二人、わたし＝タマキと、生き物大好きなケイナは、谷の近くに暮らす小学生だ。ちなみにこの「百々谷」のモデルは、三浦半島小網代の谷である。私事ながらこの谷の自然保全に私は30数年従事していたりする。

生き物好きの変わり者の二人は、小学校のクラスで仲良くなり、谷の生き物にかなり過激にふれあい、夜の谷を徘徊しながら、一方で、ドードー鳥への興味を深めていく。そして、物語は、アメリカへ、北海道へと、日本中、世界中を飛び回る。「けっして飼い慣らすことができない」まま「天然の野生ぶりを立派に育てて、羽ばたこうとしている」孤独鳥そっくりのケイナ。不恰好で融通のきかないドードー鳥そっくりのタマキ。

二人をつなぐのは、絶滅種への憧憬を超えた、狂気にも満ちた執着だ。

全国紙の新聞記者になったタマキは、隙を見せたらすぐに絶滅動物の記事を書く。

ステラーカイギュウ。エゾオオカミ。オオウミガラス。絶滅種は「人間のせいで」絶滅した生き物たちだ。すでにもういない。じゃあ仮に彼らを「人間の科学」で、生き返らせたら？ 生物学者になったケイナはそのタブーに挑む。生き物と人間と土地と歴史の連立方程式を、本書は現代科学の最新知見をちりばめながら、エンタテインメントとして解いていく。

そして読めば会いたくなるはずだ。ドードーと孤独鳥という鳥に。

柳瀬博一（東京）
東京工業大学リベラルアーツ研究教育院教授

川内イオ
ウルトラニッチ
小さな発見から始まる
モノづくりのヒント
最狭のスモールビジネスで、無競争の世界へ！
無競争状態を獲得し、維持する
これがニッチの本質です
解説 楠木建

freee 出版

書評

『ウルトラニッチ』
川内 イオ
定価 1,760 円

ウルトラニッチの市場を巡る冒険者たち

『ウルトラニッチ』

東京大学未来ビジョン研究センター特任研究員
安川新一郎（東京）

1本1万円のスプーン、1800万円の世界で一つの腕時計、廃棄野菜でできたクレヨン、1台350万円のかき氷マシン、どれも魅力的な最強（最狭）商品だ。

解説の経営学者・楠木建先生によると、ニッチとは小さく限られた事業というよりは無競争状態を獲得でき、それが維持できている事業、だという。

ウルトラニッチの主人公たちは誰も無競争ニッチ市場を探すことから始めていない。自分が面白いと考えたものを作ってみた。軌道に乗るまでの期間、固定費の低い事業構造（ただの極貧とも言う）にも明るく耐えた。夫婦で缶酎ハイ一杯を分け合うだけが楽しみ（動物義肢職人）、預金残高が1000円切っていて現金下ろせなかった（スプーン職人）、妻の貯金を取り崩して生活（独立時計職人）、ワーキングプアのシングルマザー（野菜クレヨン）など、エピソードには事欠かない。ようやく売れて、商品を求める顧客が生まれて、期待に応え続けるために事業をしている。決して天才のアイデア、大企業の研究開発から生まれた画期的な商品として無競争なのではない。

その商品化までの主人公の人生、存在そのものが、普通の人が参入しないニッチであり、無競争なのだ。ただし、好きなことを貧乏に耐えてやり続けて一人成功したというものでもない。これらの主人公には、かき氷マシンにとっての藤原和博さん、野菜クレヨンにとっての東一文具工業所の水谷さん、スプーン職人にとってのシアトルのゴードン・久子さん等、必ず取り組みを世界に繋げてくれるエンジェルが現れる。また、事業として成功させるために、最初は見えなかった大胆な軌道修正もしている。

これらのウルトラニッチの物語は、人の生き様そのものだ。大企業の社員が新商品開発の成功事例としてこの本を勉強しても全く参考にならない。ただし、組織を離れ、これから一人で何かを作りながら生きていきたいと願う普通の人々にとっては心強い道標になる。

我々は元々誰もが、誰とも競う必要のないニッチな存在なのだから。

書評

『最新恋愛学』
恋池 りも
定価 2,200 円

マッチングアプリより大切で近道なこと

『最新恋愛学』

田久保あやか（東京）
深呼吸学部塾生

「恋人に言いたいことを我慢する」「先回りしてやってしまう」「頑張っても報われない」心当たりがある人、手を挙げて！　ハイ私です……。そんな恋愛下手の私に、この本のレビュー依頼がやってきた。チラリとページを覗いたら「『あなたのために』は気づかれない」「『おごって』って言っていいの？」と、なにやら突き刺さる言葉が。うっ……痛い。この先何を言われるかと身構えつつ読んでみたら、そこには「読むカウンセリング」漫画家・りもさんの優しい世界が広がってました。

本書では、彼女が学んできた3つの恋愛講座が紹介されています。①男性が女性に本当に求めてること（心屋流コバ&ぐりちゃんの恋愛スクール）、②自分主体で生きる（HTL HAPPY 理論研究所）、③女性性とパートナーシップの育み方（吉野紗弥佳恋愛講座）という感じ。共通するのは「これでモテる」「どんな自分もOK♪」など、小手先のテクニックや、うわっつらだけの言葉じゃないことだ。

りもさんはブログで本書に触れた際、「自分は男女関係で、役割を押し付けられる気がすることに苦しめられてきた（自分で勝手に背負ってきた役割なんですが）」と綴っていた。彼の「お母さん」「使用人」「性処理の道具」「理想の奥さん」「癒し系の彼女」……本当は負担なのに、その役をしないではいられないのが苦しいのだ、と。私もそうだった。自分の本音を押し込めて役割をやるうちに、何をどうしたいのか分からなくなり、相手の真意も汲み取れず、関係がこじれてしまうのだ。この根本問題を見ずに取り繕っても、男女関係は解決しない！　だから本書は優しく、しかし大胆にメスを入れてくる。「あなたが『彼は私のココが好き』と思ってやってる役割はズレてるかも？」とか、痛快すぎて「ぎゃー！」と笑ってしまった。

さて、ネタバレを避けつつ締めくくると、私はこの本を読んでホッとした。40代独身、恋人ナシ。婚活予定ナシ。でも私は楽しく自分を生きてるし、新しい恋人もひょっこり現れる気がしてる。この感じで生きてて良いのだ。

そうなの？と思った方はぜひ、本書を読んでみてください。

https://htl2020vcs.thebase.in/items/59064030（書店・アマゾンでは販売していません）

河出書房新社

『一片万情　闘う編集者人生』
前田 義寛
定価 2,400 円

書評

企業社史の達人が書いた自分史

『一片万情　闘う編集者人生』

久恒啓一（東京）
NPO法人代表

自分史を書くことをすすめる団体のトップでありながら、「まだ自分史書いていないの」と問われて、やっと腰をあげて丸一年で書き上げた本格的な自分史である。新聞記者志望の青年が、パブリシティをテーマとする企業を創業し、その世界を泳ぎ切った物語。社史にも「歴史観」が必要との視点には目を開かされた。

前田さんは「人との出会い」に恵まれている。それは温かい人柄と優れた仕事の積み重ねによって築いた信用の賜物だろう。松下幸之助への単独インタビュー。湯川秀樹からは「ようわからんけど、おもろそうやな」と引きうけてもらう。伊藤忠商事の歴代社長の回顧談などが語られている。編集者人生のこだわりは「人と情報のネットワーキング」であった。

晩年に「自分史」と出会う。考えてみれば、社史は企業の自分史なのだろう。76歳からは推されて団体の代表をつとめた。人間関係を大事にする、誠実な仕事ぶり、ジャーナリストとしての矜持。前田さんの人生は「出会い」と「誠実」と「矜持」に彩られている。

唯一の趣味は、海岸に漂着する陶磁器の破片（陶礫）の収集とアートワークだ。「陶礫」の一つひとつに物語がある。編集という仕事も同じだ。一人の人間も陶礫と同じであろう。

「あとがき」は「回想の扉閉づれば歳暮るる　碧舟」で終わっている。碧い海にたゆたいながら、必死に芸術作品的人生を送ろうとしたこの人は「偉い人」だ。こういう人々がさまざまな業界や地域にいるのが日本の強みであると感じさせてくれた珠玉の自分史である。

一般社団法人
自分史活用推進協議会

前田義寛氏は、一般社団法人自分史活用推進協議会の前代表理事として、多くの人が「自分史」を発行出来る支援体制の普及に尽くしました。２０２３年に87歳で他界しましたが、彼の残した一般社団法人自分史活用推進協議会（理事・河野初江）は、自分史の魅力を伝え、自分史の活用法を広めることで、自分史を活用して自分らしく生きる人を増やし、日本を元気にしていく活動をしています。

東京創元社

書評

『脱学校の社会』
イヴァン・イリッチ
定価 1,700 円

近代的制度のモデルである「学校」

『脱学校の社会』

「脱学校」といっても学校不要論を唱えたものではない。近代的制度のモデルである「学校」を取りあげ、医療や福祉などのあらゆる近代的制度に依存した、いわば「学校化」した現代社会（とはいえ書かれたのは1970年代）への提言として、社会全体の「脱学校化」が必要だと、著者は主張する。

多くの人にとっては、いかに「制度」に依存しているかについて、ほとんど無自覚だろう。当たり前すぎるのだ。本書は、まず個人がそのことを自覚することを訴えかけてくる。著者は、個人が個人として目覚め、「脱学校化」した後の社会における、新しい教育の在り方について考えはじめる。

第六章では「学習のためのネットワーク」と題して、「脱学校化」した社会の新しい教育について論じている。そう、「ネットワーク」なのである。本来、教育とは「制度」のことではなく、個人と個人の「関係」のなかで起こるものだ。そして、そのなかで、本人が何を学んだのかが重要なのである。また、著者は、同じ目的を持った仲間と出会う機会についてもその必要性を訴えている。

大事なのは、学校がどんなカリキュラムを実施したか、先生が何を教えたのか、ではなく、あくまでも個人が、何を学んだのかの方だ。履修主義なんてのはもってのほか。はじめに制度があるのではなく、あくまでも『「はじめに子どもありき」』（平野朝久、東洋館出版社、2017年）だ。

この本が出版されて以後、50年が経った今、さまざま場所で「オルタナティブ」の動きは広がってきている。近年、顕著なのは「オルタナティブ・スクール」の広がり。不登校児童生徒のみならず、理念に共感して能動的に選択をする人もいる。これは、著者が批判した「学校」という「義務」的な制度に依存しない方向へと向かっていきつつある動きだろう。ただ、これは、あくまでも「公立学校」のオルタナティブであり「学校教育」の制度そのもののオルタナティブではない。

まだまだ「脱学校」への道のりは遠いが、まずは個人が個人として目覚めることでしか進んでいかない。制度が変わることを待ってはいけない。だからこそ、本書を読み直すことから、はじめてみるのはいかがだろうか。

片岡利允（長野）
軽井沢風越学園

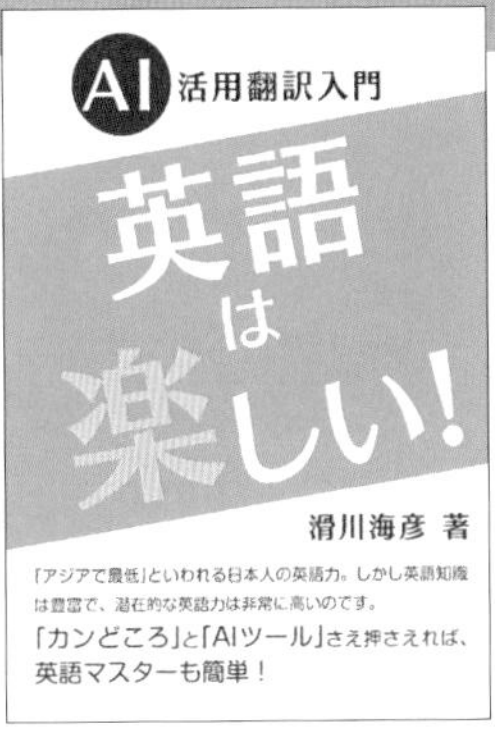

『AI 活用翻訳入門 英語は楽しい』
滑川 海彦
定価 2,200 円

書評

英語講師のための翻訳ツール活用術

『ＡＩ活用翻訳入門 英語は楽しい』

松谷 愛（奈良）
HAYA English Academy 校長

グローバル化が進む中、日本の英語教育も読み書き中心の指導法から、聞く話すを含めたコミュニケーション能力に重視した教育にシフトしてきました。１９８７年にはＪＥＴ（Japan Exchange and Teaching）プログラムが創設され、外国からの英語ネイティブの講師（ＡＬＴ、Assistant Language Teacher）が公立学校で活躍するようになりました。

私はその教育の変化の中で高校を卒業しましたが、残念ながら英語を話せるようにはなりませんでした。その後24歳からカナダ、そして3年後にオーストラリアに住み、英語を習得し、日本語と英語のバイリンガル講師として活動し、２０１１年からは「こども英語講師養成科」を開始して、これまでに３００人以上の英語の先生の卵を育ててきました。

翻訳家である滑川海彦さんの英語学習の視点は、英語講師を育成する私にとって新鮮で大いに有益なものでした。翻訳家特有の視点で英語と日本語を比較するのはもちろんのこと、英語らしい表現を身につける方法は具体的で分かりやすいものでした。アジアで最低とも言われる日本人の英語力。実は英語の知識は豊富で、潜在的な英語力が非常に高いという日本人特有の強みを発見でき自信が湧いてきます。英語学習者の悩みの種である語彙力アップ。新しく覚えずに分かる単語が増える方法も紹介。漢字の「へん、つくり」の働きに似た「語根、接尾辞、接頭辞」の活用とカタカナ英語の知識を併せて使うと、初見の英単語でも理解ができるようになります。

ＡＩ翻訳ツールの必殺技ピンポン訳は、英語力にまだ自信がなくてもＡＩが翻訳した内容を評価できるので英語学習にも便利に使えます。

「英語は楽しい！」というタイトルは内容と少しギャップがありますが、ＡＩとの共生時代に、日本人マインドを持つ私たちが世界で活躍すべく英語を話せるようになってほしいという滑川さんの楽しみな想いが詰まっています。英語の先生を目指す方はもちろんのこと、英語学習のヒントをお探しの方におすすめの一冊です。

書評

株式会社イースト・プレス

『さびしすぎてレズ風俗に行きましたレポ』
永田カビ
定価 925円

脱出口として選んだのは苦手だった「性的」なこと

『さびしすぎてレズ風俗に行きましたレポ』

カプセレント具志（沖縄）
発達系ラジオパーソナリティ

「人生で最も大切な二つの日は、生まれた日となぜ生まれたのか分かった日」

『トム・ソーヤの冒険』で有名な作家マーク・トウェインが残したフレーズです。永田カビさんの書いた『さびしすぎてレズ風俗に行きましたレポ』は、まさにこのフレーズを体現したものです。

物語はきわどいシーンからはじまります。レズ風俗のおねえさんに「ごろんして」と言われ、冷や汗を垂らしてドギマギしながら、リストカットの傷跡に気後れしながら、ベッド上でなんとか従う。いったいなぜこんな状況になっているのか？　以下回想シーンに続きます。

10年前に高校を卒業し芸大へと進路を進めましたが、半年で中退することに。所属先を失い「自分の居場所は？」という悩みが頭の中で大きくなっていく。よくわからない不安を抱えながら自傷行為から過食症へと病状は悪化し、数多くの生き地獄を味わった末に「こうなったらダメ元で立ち直るべくあがいてから死んでやる！」と謎の開き直り。

しばらくして健康的な生活リズムを取り戻したものの、その生き方を承認してくれる人は存在せず、居場所探しは続きます。そして親の価値観を絶対視する自分に気づき、それまでタブーであった「性的」なことにチャレンジしようと決心します。

で、冒頭のシーン。おねえさんに言われるままに「ごろん」してもガチガチ状態。肌のふれあいを楽しめず、考えすぎなまま時間だけが過ぎていきます。そして、失意の時間切れ。

しかし、帰ってからの反省タイムは、これまでのタブーをやぶったからこそ、本当の自分にガンガンと触れていきます。

なぜ漫画家？　なぜレズ風俗の体験レポ？

七転八倒の結果、アラサーメンヘラ漫画家は、ついに居場所を見つけることに成功します。

カビさんのさらけ出すアレコレはリアルで痛い。でも、だからこそ読者のケツを蹴っ飛ばしてくるのでしょう。

誰もが「なぜ生まれたのか分かった日」を求めていく時代に、勇気をもらえる一冊です。

そそる株式会社

『実録秘宝館』【FANZA限定版】
そそる株式会社
定価100円

書評

蘇った昭和のエログロナンセンス

『実録秘宝館』

エンドウユイチ（東京）
元東京おとなクラブ編集長

2023年10月下旬、X（旧Twitter）で1175万4000件ほどバズった漫画『ようこそエロマンガ島へ』の原案・原作のほさかなお彦（27歳）が編集長だという『実録秘宝館』が絶賛発売中だ。

誌名ロゴの下に「令和の時代に蘇るエログロナンセンス読本！」とキャッチコピーがある。エログロナンセンスって、久しく目耳にしていなかった言葉のひびきに、昭和の時代に塩漬けにしたままだったシナプスが、ピリっときた人もおられるはず。1ページ目をめくると、ご挨拶とあり《あの時、裏山でエロ本を拾った高揚感をもう一度……。「エロ本は裏山で生まれ裏山に還る」をモットーに、裏山のエロ本を目指してまいります。それでは、ごゆっくり》と書かれている。

『平凡パンチ』や『週刊プレイボーイ』など、両親に見つかっても一応はゆるされた青年向け雑誌ではない。かといって、川端康成、三島由紀夫も読者だったという『奇譚クラブ』ほどの高尚なエロチシズムの追求者の世界というのでもない。ちなみに、『奇譚クラブ』といえば、いまやカプセルトイのブランドだが、この本、それにも似た再現パフォーマンスなのだともいえる。

電子雑誌なのだが、ザラ紙が焼けた感じになっていたり、見開きの中央にスキャンした影があったり、モノクロ写真は網点である。中身は、「スリッパをはさんで」、「ボクの青春のぞき部屋」、「ハイテク！ ノーパンしゃぶしゃぶ体験記」と漫画が3本立て！「スリッパをはさむ」というのは、ラブホテルでそんなルールがあったのだそうな。「カップル喫茶の実態」や「伊香保銀映劇場訪問記」、「すべては野球拳から始まった！」といった濃厚な考察記事。お楽しみ記事の「エロ山博士のエロエロ添削」、「爆笑!! オールカラー お色気点数占い」も楽しい。これで、100円は昭和の時代にもなかった。

表紙と巻頭グラビアの美女は、スペイン人のCGアーチストによるAI作品だそうだ。そういえば、生成AIはとても秘宝館っぽいと思う。

https://book.dmm.co.jp/product/4399596/s558ahuat00001/

平凡社

書評

『聖霊の舌 --- 異端モンタノス派の滅亡史』
翻訳・阿部 重夫
定価 9,900 円

間仕切りが崩壊する時に宗教は生まれる

『聖霊の舌 --- 異端モンタノス派の滅亡史』

阿部重夫は日経新聞の記者からスタートし、多くのスクープ記事を書いた日本を代表するジャーナリストである。一方、新刊翻訳本のテーマは異端モンタノス派である。2つのテーマはどう繋がるのか。

モンタノス派とは、2～6世紀にトルコの旧フリギュア地方で活動していた原始キリスト教の一派だ。信者の一人に聖霊が憑いて異言を口走るため「新しい預言」派とも呼ばれたが、6世紀にキリスト教会から異端とされて滅亡した。ウィリアム・タバニーが2000年にトルコで遺跡を発見し、2009年に書籍が出版された。阿部さんは、タバニーの本を翻訳し、独自の考察を注釈につけて出版した。

繋がりのヒントは学生時代にあった。学生時代に当時の知の巨人であった、丸山真男、小林秀雄、吉本隆明の三人を超克しようと思った。丸山、小林は、たいしたことを言ってなかったが、吉本は手強かった。吉本の初期作品である「マチウ書試論」というキリスト教論が突破口になるのではないかと思い、聖書にあたった。同じ頃、マックス・ウェーバーの『古代ユダヤ教』に出合い、ユダヤ教の起源の話に衝撃を受け、キリスト教の起源について興味を持ち始めたそうだ。阿部によると、プライベートとパブリックの間仕切りが変更になる時に宗教が生まれるのだという。大きな物語に個人が直結してしまうと、根こそぎ持っていかれるのだと言う。

ローマ帝国に弾圧されていた宗教の一つであったキリスト教は、ローマ帝国に公認され392年には国教となる。それに伴って教義が確立し、正統となったキリスト教会は、モンタヌス派などを異端として弾圧するようになる。この頃、まさにプライベートとパブリックの間仕切りが変更になったのだろう。阿部さんのジャーナリストとしての眼差しは、インターネットによってプライベートとパブリックの間仕切りが変更されつつある現在へ向かう。家族が崩壊しつつある現在、インターネットで生まれている物語に個人が直結すると、根こそぎ持ってかれてしまう危険性があるのだという。モンタヌス派の話は、滅亡したキリスト教の一派の話ではなく、人類社会の持つ本質的な構造として、現代社会を生きる私たちに問いかけるものがあった。

田原真人（茨城）
デジタルファシリテーション研究所

KADOKAWA

『BRAIN WORKOUT ブレイン・ワークアウト』
安川 新一郎
定価 1,980 円

読書会

人工知能(AI)と共存するための人間知性(HI)の鍛え方

『BRAIN WORKOUT ブレイン・ワークアウト』

マッキンゼー、ソフトバンク社長室長、執行役員を経て東京都顧問などを歴任した安川新一郎さん初の著書となる「BRAIN WORKOUT」(2023年6月30日発売)。本書は、脳を鍛えるプログラムを「ブレイン・ワークアウト」として体系化し、安川さんが自ら実践して作り上げたトレーニング方法を背景と共に紹介しています。

そのオンライン読書会が開催されました。参加者は著者の安川さんを含めて9名。会の前半は、参加者各々が本を読んだ感想をシェアしました。後半は、安川さんが自著について、読者から直接感想を聞けたことへのよろこびと感謝を伝えました。

そこから、安川さんは「BRAIN WORK OUT」の産みの苦しみを語り始めました。これまでも、本を出版する話はあった。でも、書けなかった。いろいろ考えすぎる自分がいた。そんな中で、去年たまたま友人の紹介で参加したオンラインコミュニティの深呼吸学部。今日の読書会は、そのオンラインコミュニティで出会った人が多く参加してくれています。安川さんは語りかけました。「実は、あなたたちと出会ったことで『BRAIN WORKOUT』を書き出すことができました。これまで出会う機会のなかった人たちと繋がり、知ることで、こんな私でも本を書いていいんだと思えるように意識が変化しました。このメンバーで読書会ができてうれしいです」。

今回のオンライン読書会は、著者とその著書を書くきっかけとなったメンバーがお互いの感想と気持ちを共有する、エモーショナルな会となりました。

北野英隆(京都)
深呼吸学部塾生

2023 年 9 月 10 日開催　Zoom オンライン読書会　当日の録画　https://youtu.be/wbHwPzyv7u4

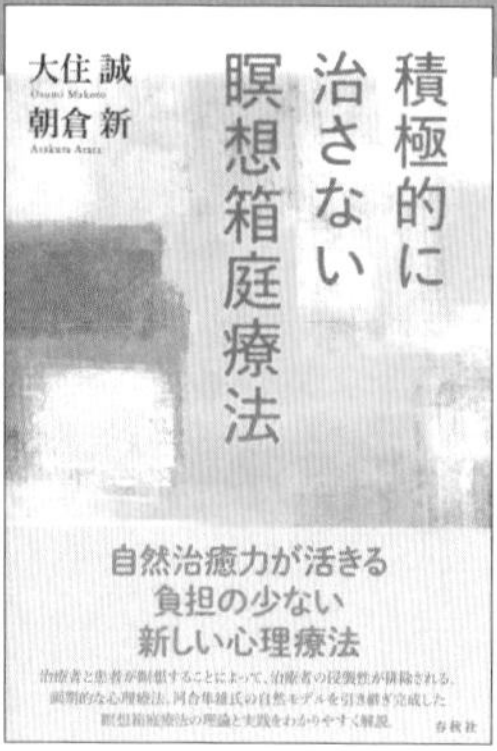

春秋社

『積極的に治さない瞑想箱庭療法』
大住 誠、朝倉 新
定価 2,750 円

読書会

著者の立場でも「著者のいる読書会」は刺激的！

『積極的に治さない瞑想箱庭療法』

今、著者と読者が出会う機会は、書店でのサイン会やトークイベントなどに限られるでしょう。結果、双方がじっくりとその作品について語り合う機会は皆無に近いと思われます。

しかし今回のように、それぞれの場で生活している読者の皆さんの感想や意見を聞けるというのは、著者としては今後のモチベーションやインスピレーションの発動に良い影響があると思います。

また著者は、読者から教えてもらえる部分も多いと思いますし、読者自身も読者間相互のやり取りで、著書の内容以上のものが得られることがあるかもしれません。実際、私自身は今回のZoomでの対話で色々勉強させていただきました。それより何より、我々の著作をこんなにしっかりじっくり読んでいただいているということに、とても感激しました。

さらに、精神科医という私の立ち位置からすると、たとえば当事者の自助グループで、みんなで書物（主に治療者や当事者の著作）の読書会をやった後、著者と対話するコーナーを設けるなんていうアイデアも浮かんできます。これは多分、治療者と当事者が上下関係なく同じ土俵に立って、自然治癒力を発揮していくという「瞑想箱庭療法」に通じるものがあると思います。すなわち、治療者当事者双方の成長や良い変化が期待されると思うのです。

ですから、今回のような機会はとても貴重でしたし、今後これをきっかけに、著者と読者が対等に語り合う対話のパターンが増えていくとよいと思います。お互いの自然治癒力発揮のためにも。ありがとうございました。

朝倉新（神奈川）
新泉こころのクリニック院長

2023 年 9 月 29 日開催　Zoom オンライン読書会　当日の録画　https://youtu.be/dX0B4ro6cfk

言葉だけに頼らない視覚・聴覚・臭覚・皮膚感覚を総動員したメディアの広がり

SCENE3
映像・音楽・美術系

イラスト／小笠原あおい（東京）小学２年生

ＡＩを駆使して自らの感性を表現するＡＩクリエイター。
それぞれの表現が自分自身であり、
人間の多様性を新しいテクノロジーを使い
自由にアウトプット出来る時代がやってきた。

――かふあさんという名前の由来は？

かふあ　ハワイ語で果物の実がなるという意味です。ＡＩ講座と語学講座を運営しているので、生徒たちの実がなりますようにという気持ちを込めて。

――簡単な略歴を教えてください。

かふあ　いとこが全員ハーフで海外住みのため、日本で暮らしながら異文化の中で育ったからか、幼少時から異色だと言われ続け、高校の時にアメリカへ渡り米国の高校を卒業したのち、日本で短大を卒業。90年代にＭａｃとインターネットと出会う。社会人大学生を経て、語学スクールを運営。２００７年カメラを始めると、ＢＬＯＧよりオファーをいただくようになる。２０１０年「かふあが詠む。朗読」配信をスタート。ＵＳＴＲＥＡＭ大賞審査員を務める。２０１５年に３６０度カメラを手にし２０１６年にＶＲ啓蒙を開始、今に至る。

――運営されている語学スクールについて教えてください。

かふあ　少し変わった英会話スクールかもしれませんが、当校を探して扉をノックしてくださる生徒さんがいらっしゃいます。１９８９年より、学校やお家ではできない体験をし、個性を伸ばす可能性に気づけるような自由なスクールです。実になる語学力を！

──現在の表現活動を教えてください。

かふあ　新たな時代の暮らしの形を構築したく、VRで暮らす街を2016年から考え始めました。地球が滅亡を始める前に、コンピューター空間に住める場所をつくろうと思っています。VR、AIアーティストの活動をしていますが、すべては街のための通過点だと思っています。語学スクール、AIデジタルアート講座で、人々の個性や可能性を伸ばす活動は、すべての軸になっております。

──現在、進めているプロジェクトを教えてください。

かふあ　AI映像制作。コラボ企画。空間アート、デザイン、webデザイン。テクノフューチャリウム 未来美術館 XR。AIデザイン、キャラクター制作・絵本のデジタル映像化、AI絵画講座、動画講座、作家コースの卒業生で、VRアーティスト集団J合同作品制作中。

──影響を受けたアーティストは誰ですか？

かふあ　他界している芸術家たち。

──AIで絵を描くときのツールは？

かふあ MIDJOURNEY, DALL-E3, RUNWAY そのほか。あとは、VR系の 3D MULTIBRUSH や、UNREAL ENGINE5, UNITY もロケハンやスタジオのように使用します。

——これからAIで絵を描きたい人へのアドバイスは？

かふあ　自由にオリジナルへ向かうこと！　誰もが描けるAIだからこそ、自分にしかできないものを模索する。するときっと素晴らしい世界が待っています。

——絵を描かなかったら、何をしていると思いますか？

かふあ　写真家。今もカメラと写真はライフワークです。

——絵を描くことで、かふあさんの伝えたいことは何ですか？

かふあ　愛と混沌。

——自分の住んでいる街について、教えてください。

かふあ　山と海が見えて、いつでも川沿いを歩いて滝や砂浜へ行ける場所です。フランク・ロイド・ライト建築が部屋から見えるので家も気にいりです。街を行き交うひとがやさしいです。

——最近、食べたもので一番、おいしかったものは？

かふあ　わたあめ。

橘川幸夫氏とのコラボレーションは、NOTEで一部更新しております。橘川氏の1970年前後に書いた文章や短歌を読んで、その時代の風景や気配をAIで撮影しようというタイムトラベル・フォトグラァーの試みです。
https://note.com/kahua/n/nf7895e1aff4f

かふぁ・KAHUA
https://kahuavr
lab.studio.site/

盆踊り3・0

令和の盆踊りの楽しみ方と在り方とは

「盆踊らー」とは

はじめまして、私は京都の「盆踊らー」の北野です。「盆踊らー」とはニュアンスの通り、盆踊りを愛し、盆踊りを求めて各地を巡る踊り手のこと。ちなみに「盆踊らー」歴は、コロナ禍前の2018、19年の2年と、コロナ中断後の2023年の1年、計3年です。コロナ禍前に私が参加した盆踊りは、2年で計20回ほど。そして2023年は、京都を中心に計25回。その回数をGoogleカレンダーで数えて、自分でビックリ。なぜ、コロナ禍の前後で、倍近くに増加したのでしょうか？　理由は、抑圧と解放です。2020〜22年、その3年間の中断・自粛期間中、私はいろいろモヤモヤしました。ウズウズしてました。そして2023年5月、新型コロナが5類感染症に引き下げられ、マスク着用義務もなくなったことで、コロナ禍とそれに関連する見えない力に抑圧されていたパワーが、一気に解放されました。そして再開された盆踊りに、コロナ禍前より積極的に参加した結果が25回。こんなにいっぱい踊れて楽しかった！　という達成感とよろこびを感じながら、心にひっかかるものがあった。一人で25回も参加して良かったんだろうか？

「町内会の集まり」の延長

踊り慣れた「盆踊らー」は、ダイナミックな踊りで踊りの輪を盛り上げたり、盆踊り初心者のお手本となる反面、悪目立ちする場面があります。広範囲のエリアからの集客を目的とした、フェス的な盆踊りの場面ではいいんです。ただ、町内会の集まりの延長として実施される、小規模の盆踊りの場において「盆踊らー」は、よそ者であり、むしろ邪魔者になる場合も。私自身は邪魔者扱いされたことはありませんが、自分で気づいていないだけで、ひょっとしたら25回の中で、アイツ邪魔だなぁと思われていた可能性はゼロとは言い切れません。基本的に町内会の延長型の盆踊りは、その町内に住む地元住民による、地元住民のためのお祭りです。ただ、その地元の空気感を壊さないかたちで、さりげなく踊りの輪の中に加えて欲しい。子供たちの手本になりますし、盛り上がりが必要な時には前面に出ることは厭いません。むしろ、よろこんで。

盆踊り3・0勉強会はじめます 参加メンバー募集

町内型やフェス型の他にも、盆踊り

にはいろいろな形態・様式があります。そして、課題もあります。盆踊り3・0勉強会とは、令和の盆踊りの楽しみ方と在り方について考えていきます。
　そこで共に考える勉強会のメンバーを募集します。対象は、盆踊らーをはじめ、盆踊りの主催者・関係者、これから盆踊りを開催したい人や、まちづくり、地域おこしに関心のある方です。
　関心のある方は『イコール』編集部盆踊り係までご連絡ください。

なぜ、いま盆踊りなのか

　2023年に盆踊りの場を初めて開催した方にお話を伺いました。
　今回、協力いただいたのは二条駅かいわいまちづくり実行委員会　事務局の**山沢邦良**さん（67歳）2023年10月1日に京都の二条駅近くで開催された「第3回二条駅かいわい栂尾《とがのお》公園ふれあいまつり」の運営メンバーの一人です。

北野　なぜ、今回から盆踊りをプログラムに追加したんですか？
山沢　去年開催した時に、まだプログラムに何か追加できるなと感じました。私自身が子供時代に、盆踊りを踊って楽しかった想い出があります。でも、今はこの二条駅界隈ではやっていない。そこで追加プログラムとして盆踊りを提案して、実施することに。
北野　なぜ追加するプログラムが盆踊りなんですか？
山沢　今の世の中で、都市部に住む子供たちが地元意識を感じるのは難しいのではと感じています。そんな中で、今回のような地元の盆踊りを一緒に踊ることを通して、近所のおっちゃんやおばちゃんと一体感を感じることができたら、親しみが湧いてくるかもしれない。この場所と、ここにいる人たちと繋がるきっかけになって欲しい。

北野　今回、実際に盆踊りを開催してみた感想は？
山沢　子供たちが楽しそうに踊っている姿を見てうれしかった。他のメンバーも、またやりたいと言ってくれている。またやりたいですね。

北野英隆（京都）
冒険ヤロウ

▼筆者近影

「映画狂三代サブスクに涙す」

久米信行（東京）
iU情報経営イノベーション専門職大学教授

私が今でも年間百本以上楽しむ映画狂になったのは亡き父のおかげです。

昭和10年生まれで暗黒の少年時代を送った父は、その反動で戦後あふれた総天然色の洋画に魅了されます。学生時代は映画部を立ち上げ、地元の映画館に学生を動員して自分だけタダで観ていたとか。

父が家業のメリヤス工場を日本初のTシャツメーカーに転じたのもマーロン・ブランドやジェームス・ディーンのTシャツ姿に憧れたから。私も幼少期から父の隣で淀川長治さん司会の日曜洋画劇場で『大脱走』や『風と共に去りぬ』を楽しむ英才教育。事務所兼自宅では父が映画音楽を聴きながら仕事をしたので、名曲の数々が名場面と共に私の心に刻まれました。

学生時代は私も『ぴあ』を片手にフェリーニや小津安二郎を求めて名画座巡り。父の名画ビデオ収集にもつきあい自宅で『ローマの休日』から『時計仕掛けのオレンジ』まで繰り返し鑑賞しました。

社会人になって、映画を見る習慣が一時期途絶えましたが、子宝に恵まれた頃レンタルビデオ店が全盛となり、毎週、何本も借りて親子で観るようになりました。最初はディズニーやジブリのアニメから、やがて『第三の男』や『モンティパイソン』まで楽しむ変な一家になれました。

そして今やサブスク時代。古今東西の名画やマイナーB級迷画が、いつでもどこでも格安見放題。

こんな映画狂の楽園に暮らせるなんて！還暦過ぎた今から千日回峰を行じるが如く映画を千本鑑賞したいのです！

久米信行と映画を語る会・参加者募集『イコール』映画トークライブ

大の映画好きの久米信行が語りたい映画のお題を出して、Zoomで感想会を開きます。感想会の内容は『イコール』で記事化されます。関心のある方は、Facebookグループに登録してください。詳細決まりましたら案内します。

久米信行と映画を語る会
（『イコール』映画トークライブ）
https://www.facebook.com/groups/3173273389640310

久米信行
iU情報経営イノベーション専門職大学教授・明治大学講師。すぐやる技術など著書多数。日経産業新聞連載中。久米繊維工業相談役。墨田区観光協会理事。

column

映画『三島由紀夫VS東大全共闘50年目の真実』対話会

映画を見て、みんなで感想を語る会に参加した

前川珠子（宮城）
スピリチュアルアーティスト

自決1年前の1969年5月、学生運動がピークを迎えつつある中、三島は東大全共闘の招きで1000人の学生を前に熱い討論を行った。本作はそのドキュメンタリーを再構成したものである。

「言葉の有効性を確かめたい」と言って会場にやってきた三島は、彼らの怒号や失礼な弁説にユーモアを交え一つ一つ丁寧に答えていく。その場の熱量に引き込まれる。

しかし事柄は言葉としては理解できるが、時代全体の空気がわからない。映画を見て、若干消化不良を感じながら、オンラインの対話会に参加した。世代も性別も属性も違うメンバーで映画の感想を語り合う。

「一世代前で時代が変わっちゃう。なんでこんなに知らないんだろうと思いました」という女の子。「自分たちが社会を創っている肌感覚がない」という男性。だからこそ、言論によって何かを生み出していく」ということを、皆が信じていた70年代に学ぶことがたくさんある。

大学と社会、それぞれに対し異を唱えていた学生達と三島は、立場は違えど、同じ矛盾を抱えていたことが、皆で話すうちに腑に落ちていく。そういう意味では、これを見て共感する私たちも、実は同じ地平に立っているのかもしれない。

彼らが激論を飛ばした映画空間は半世紀の時を経て、その熱い思いを現代に届けてくれている。過去の時代とは異なり、21世紀の戦いに暴力はいらない。しかし言葉は生きている。言論の力は2000年代を超えてなお、力強く私たちを内側から支えていくのだ。

イラスト　tatあt

M3－2023秋

結成18年の持ち曲が2曲しかないバンドが同人即売会でCDを売った話

オガサワラユウ（東京）
AR三兄弟三男

　チャバネロフスキーオーケストラというバンドをやっている。２００５年に結成したので18年になる。メンバーは増えたり減ったりしながら、現在４人。そして、持ち曲は2曲。

　18年もバンドをやっていてどうして曲が増えないのかというと、次々に消えていってしまうからだ。記憶やＰＣの中で、揮発し、誰の前で演奏するでもなく、誰の耳に触れることもなく、呼吸のように、冬の淡い光のように、それは消えていった――。

　……ダメだよね？　消えちゃダメ。そう思った19年目。

　ちゃんと音源にしよう、ＣＤにすればあんまり消えないから。よし、作ってみよう。でもアタシたち締切がないといつまでも作り続けて終わらないよね？

　そんなときにＭ３と出会いました。音楽の同人即売会ですって。これに出るって決めちゃえば、もう作るしかなくなるよね、だから出よっ！

　ってなったのがＭ３に出ることになった顛末です。

そして、当日です。完成したCDは15枚くらい。一枚一枚YONABEして丁寧に作り上げたハンドメイドです。長机の半分にCDを並べて、いざ開場。

流れ行く参加者を見ながら思う。知らない音楽を一体だれが買うのだろうか？

一応、視聴コーナー部屋はあるものの、そこを訪れる人は全体の何割かで、さらにそこには数百ものCDが並べられていて、僕たちの曲を聴いてくれる人は、ほとんどいないだろう。

結果、買わない。買わないから売れない。当たり前の構図が、誰も立ち止まらないブースの前にありありとかたどられていく――。

しかし、その日は3枚売れた。一枚は、知人が購入してくれたのだが、あとの2人が、謎なのだ。例えば、メンバーの誰かの知り合いだったら、誰々さんいますか？的なことを言うはずだ。しかし、その2人とも、スッとブースの前に来て、迷うことなく、しかし控えめに、これください、とは決して聞こえないほどの蚊の鳴くような声で言い、金を払い（500円）、CDを受け取り、何も言わずに帰っていく。ひとりは女性で、もうひとりは男性だった。

おそらくだが、視聴コーナーで無数にあるCDのなか手にとって聴いてくれて、それで買おうと思ってくれたのだろう。それ以外に考えられないのよ。喜ぶべきなのだろうが、不思議だなあという気持ちの方が大きかった。音楽が売れるということが信じられないのだ。

そんな温かい不思議があったので、来年の春も出てみようと思っている。知らない音楽を一体誰が買うのか、そんなことを考えながら。

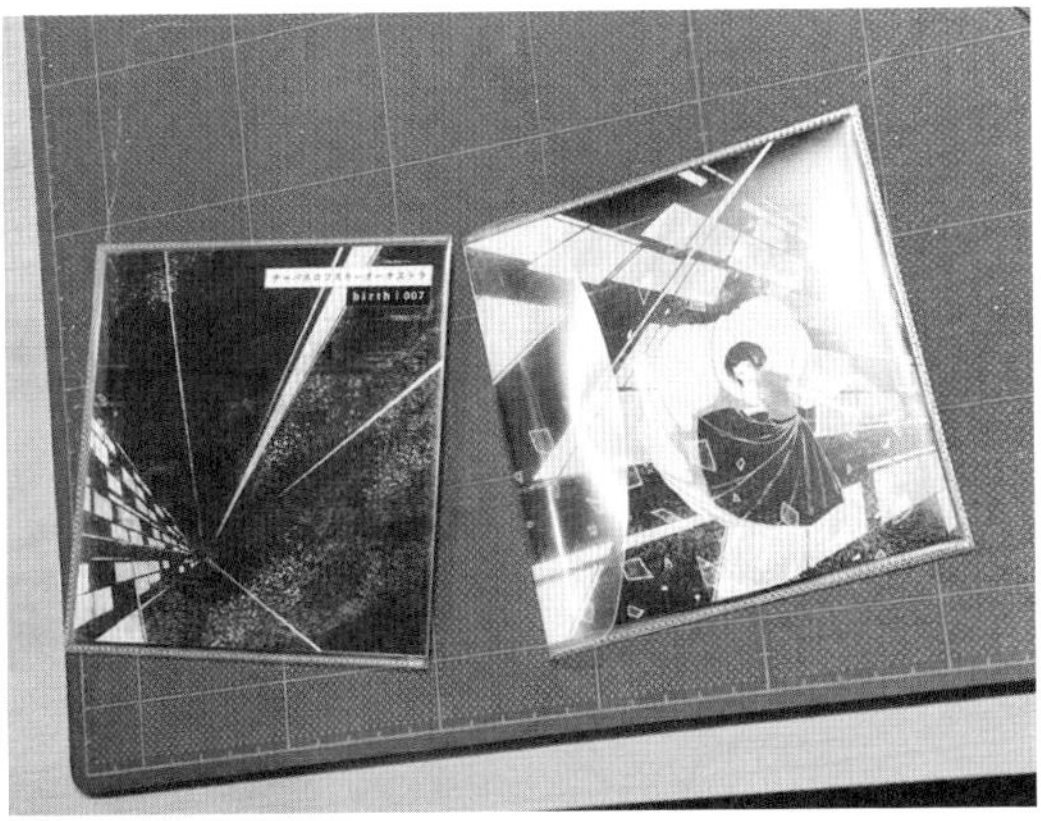

▲ YONABE して作成したＣＤ

当日の様子▼

んたほ3

どこからやってきた。ニッポンのブルース

ネットになくても素晴らしい音楽がたくさんある！

妹尾みえ（東京）
音楽ライター

２０２２年からUnder One Music Treeというプロジェクトをお手伝いしている。これまで70年代後半から80年代にかけ活躍したブレイクダウンを皮切りに何枚かのアルバムを世の中に送り出すことができた。最新作は『TOKYO THE BLUES YESTERDAY』シリーズ。日本のブルースやソウルと言えば関西と思われているが、どっこい70～80年代の関東にもこんなすばらしいバンドがあったことをしらせるコンピレーションだ。

今、ネット上にない情報は無きものにされてしまうきらいがある。しかしYouTubeでびっくりするような音源に出会う。一方でインターネットを探しても見つからない、ガイドブックにも載っていないが、一人ひとりがこころの中で大切にしている音楽もある。それらを思い出にとどまらせず次の時代に手渡していきたい——そこにUnder One Music Treeの思いがある。

今のところブルース系が中心だが、フォークソングもジャズもロックも音楽という根っこ（ルーツ）と感じられるものであれば日本のルーツ・ミュージックという一本の樹の下に集めたいと思っている。これまでブルースのルーツといえば、ローリング・ストーンズやエリック・クラプトンのような海外のロックとからめて語られることが多かったが、日本の音楽の細胞に浸透した「ブルース的なもの」はそれだけでは説明できない。スタイルどおりのカバーより、日本語オリジナルを歌うアーティストの方によほどブルースを感じることは珍しくない。

ＮＨＫ朝ドラで『ブギウギ』が始まったが、元をたどればブギウギは黒人の中から生まれて拡がり、やがてロックンロールにつながっていった音楽だ。海外のジャズを通じてブギウギあるいはブルースに魅力を感じ笠置シヅ子や淡谷のり子の流行歌に反映させた作曲家、服部良一もニッポンのブルースの流れを考える時のキーパーソンだと思っている。こうした歴史を含め、日本の音楽界で確かに育ってきたニッポンのブルース、加えてライヴ・シーンで歌い継がれてきた歌の数々についても近々まとめたい。

NANZOU LABORATORY
MAKE (ALMOST) ANYTHING
（ほぼ）なんでも造形研究所

みんなのアイデアが具体的なモノになります

伊藤正人（愛知県）メイカー／眼鏡作家

所長　こんにちは！　私たちは『（ほぼ）なんでも造形研究所』のメンバーです。私は所長、そしてこちらが私の助手、アイダさんです！

アイダ　はじめまして、アイダと申します。実は私、ＡＩです。所長と一緒に、皆さんからのすてきなアイディアを形にしますよ。

所長　アイダさん、私たちの研究所は一体どんなところなんだっけ？

アイダ　私たちの研究所は、あらゆるアイディアを物理的な形にするところです。それも、３Ｄプリンターやその他のデジタルツールを使って、あっと驚くようなモノを作り出します！

所長　そうだね。そして、私たちが作る物は、みなさんからのアイディアに基づいています。だから、この企画が存在するのは、皆さんのおかげなんですよ！

アイダ　とってもユニークで面白いアイディアが生まれていますよね。前回は、宙に浮く盆栽鉢を作りました。磁力を利用して、盆栽が宙に浮いているんですよ！

所長　あれはびっくりしたね！　皆さんのアイデアは本当に無限大です。なんでも、いや、ほぼなんでも作れるんです。

アイダ　小学生から大人まで、誰でも参加できます！　アイデアを出すのは無料ですし、選ばれたアイデアは所長と私が一生懸命作ります。そして、作成過程と結果が『イコール』のページで紹介されますよ！

みなさんのアイデアを募集します。
第１回は「お菓子の型」。

（ほぼ）なんでも造形研究所では、創造的な「お菓子の型」のアイデアを広く募集中です！あなたのユニークな発想を3Dプリントで形にし、お菓子作りに革命を起こしませんか？サイズは縦横高さ共に10センチ以内で、デザインのテーマや形状に制限はありません。応募方法は簡単、あなたのアイデアのスケッチと説明文をお送りください。採用されたアイデアは雑誌『イコール』で紹介されるだけでなく、３Dプリントで実現し、実際にお菓子の型として使用することができます。締切は２０２４年４月１日、皆さんの素敵なアイデアをお待ちしています！　採用された方には、制作したお菓子の型をプレゼントします。送り先は『イコール』編集部まで。

観てもらうことで、　始まるものがある。

もう、傍観者には戻れない あなたを変える絵画展

絵を描いたことのない大人が、アート合宿で描いた作品のグループ展「edge!! 展」体験記

あるご婦人が、絵を見終わった後で受付にいた私に声をかけてくださった。「会場全体の感想を伝えたい」と、渡された付箋にはこう書かれていた。「自分の心に素直に思いのまま描いていて、ある意味うらやましさを感じる。ここに自由の世界があって本来の自分に戻る。というメッセージが伝わってきた」。こんなに伝わるなんて。嬉しくて、すぐ出展メンバーに共有した。

今回のグループ展は、コロナ禍に2人の画家が立ち上げ、一般人向けに開催して3年になるアート合宿から生まれたものだ。絵なんて描いたことない大人が、人生の岐路に立ってやむにやまれず筆をとる。何泊も合宿して本気で描く。上手い絵ではなく、何かを突破するための絵だ。人生を見つめて自分のために描かれた絵はどれも切実で、心に強く訴える。

合宿最終日、震える声で絵を語る参加者を見て、主催者が「これを世の中にも届けたい」と願ったことから、グループ展開催が決まった。

私は24名の出展者の1人だが、絵の搬入時点で不思議な展示だと感じた。サイズや点数もバラバラの出展メンバーの絵を、会場のどこに飾るか主催者の指示はナシ。出展者は我先にと場所取りすることなく、広い会場をゆるゆる歩き、大きな絵が映えるスペースを一緒に探したり、困っている人に場所を譲ったり。それぞれが落ち着いた場所に絵を飾ったら、誰

広々とした会場に約150点の絵が飾られた。

田久保あやか（東京）
深呼吸学部 1 期生

会場ポスターのコピーは「これは、絵の展示ではない」。

の差配もないのに、次々にバトンを渡して繋いだような見事な展示空間が出現した。

正直これでもう満足だったが、まだ先がある。展示初日、成り行きで見知らぬ方の会場案内をしていたら、私の絵の前で「これ好き！」と言われたのだ。びっくりした。しんどすぎて絵を描き始めたのに、そうして生まれたものを好きだと言う人がいるなんて。嬉しくて、こっそりトイレで泣いた。他にもいろんなことが起きた。仲間の絵を褒められるのが、自分のこと以上に誇らしかったこと。来場者の質問で、絵の描き手が初めてのエピソードを語り出したこと。会場を何周も観て歩く人達。涙と笑顔。絵の描き手も、来場者も、私達はみんな、一つの空間で溶け合っていた。

アート合宿とは

「勇気をもらった」「私も描きます」そんな感想と共に約３５０名が来場した『ｅｄｇｅ!!展』。ここで、私達は世界を変えた。もう、傍観者には、戻らない。

会社員、起業家、フリーランス、様々な大人 24 名が集った。

edge!! 展 公式サイト

edge!! 展
2023 年 9 月 27 日(水)～ 10 月 1 日(日)
横浜市民ギャラリーあざみ野

「ならば自分たちでつくるか！」

ということで、保育園がいっしょで映像作家のママ友と、編集やワークショップデザインをやってきた私のコンビでスタートしたのが、「映像探究学習コンビビ」です。

最近の子どもたちは、それこそ浴びるように映像を見ています。YouTube や TikTok を見まくっていますし、学校でもタブレットが配布されていて動画で勉強することもふつうです。スマホを持っている子は何らか動画を撮ることも日常で、圧倒的に映像の経験が多くてリテラシーも高い。

そしてここ 10 年くらいの間でしょうか、スポーツや音楽などの分野で目覚ましい活躍をしている若者たちの中で、オトナの師匠や先生に直接教わるのではなく、「YouTube で独学で」学んだという経歴の子が確実に増えていたりもする。子どもたちの学びや成長にとって、映像はめちゃくちゃ重要なものになっています。

というわけで、われわれコンビビは、映像を享受するのも楽しいけど、つくるほうがもっと面白いぞ、という体験を提供することにしました。「映画づくりワークショップ 2 DAYS」では、映画のワンシーンを脚本づくりからはじめて撮影までしました。子どもとおばけが出会うというシーンの脚本を、子どもたちがそれぞれ執筆し、その中のひとつをみんなで相談して選び、その絵コンテを描き、どう撮るかをイメージしてから撮影に入ります。当然出演するのも子どもたちなので、演技のワークショップもします。小学生から中学生までの混合チームで、そこそこに助け合ったりふざけ合ったりしながら、だんだん自分たちで考えて動き始める子どもたちの姿が現れてきたりして、それはなかなかグッとくるシーンだったりします。「ミュージックビデオを撮ろう YO ！」というワークショップでは、" オトナに言いたいこと " というテーマで、みんなで言いたいことを歌詞にしてラップの楽曲をつくり、その MV を撮りました。次にやろうと思って構想を練っているのは、スマホの自撮り機能を使って自分の心の中を覗き込み探検していくという映像探究のプログラムです。今年度はいろいろなワークショップを打ちながら、来年度から「マチのヘンなジュク」を目指します。興味のある方はぜひ連絡をください。

映像探究学習コンビビのウェブサイト　https://linktr.ee/convivi

「世の中には ヘンなジュクが必要だ！」

淵上周平（東京）
映像探究学習コンビビ

街の中にちょっとヘンなジュクがあったほうが、子どもたちにとっても楽しいんじゃないか、と思いたって、「映像探究学習コンビビ」という小さなジュクをはじめました。

私が小学生時代を過ごした 80 年代は、まだ個性的な塾たちがいろんなところで活動をしていたような記憶があります。一応は学校の勉強をサポートするため、あるいは受験のための学び舎、という看板を掲げていて、一応はプリントを配ったり授業をしたりもするけれど、明らかに親が塾に求めている以外のいろいろなことを、子どもたちに伝えるヘンな場所でもありました。

先生をやっていたのはとてもユニークなオトナで、今になって思うと彼らの多くは学生運動上がりのおじさんたちでしたが、「このオトナは、社会の本流とはちょっとなにかが違うぞ」という雰囲気が小学生たちにもビンビン伝わっていました。私が好きだったのは理科の石塚先生で、低い渋い声で口癖の「えーかな？」を連発しながらずっとタバコを吸っていました。学校でも家でも出会えない、ヘンなオトナに遭遇する場所として、塾は機能していたように思います。

それから私はオトナになり親になって、勉強があまり好きでも得意でもなく好奇心や探究心もそこそこな（ように見える）自分の子どもに、なにか面白い塾があったらいいなと探してみたら、これがなかなか無い。子どもたちに与えられた選択肢は、大手がやってるよくシステム化された受験塾か、学生バイトが対応している個別塾くらいしかない。あのヘンなオトナたちに会える場所はどこにあるのか。

ビビッとくる学び！
コンビビ
映像探究学習

ゲームは「動詞」でできている

日本が世界に誇るデジタルコンテンツ『ポケモン』。開発者の田尻智のゲームに対する考えや思いを徹底的に解説する本が登場。ゲーム開発者や、これからゲーム開発者を希望する人は必読の書である。著者の浅野耕一郎氏に田尻ゲーム理論の真髄を聞く。

書名・『ゲームは「動詞」でできている』
監修・田尻智
著者・浅野耕一郎
イラスト・田中圭一
定価 3,000 円（税込み）

1．出版からゲームの世界へ

田尻智さん監修の『ゲームは「動詞」でできている』が発行されましたが、浅野さんにとって、田尻智さんというのは、どういう存在ですか?

浅野　1990年代にお話を伺う機会が何度かあって、ゲームのことをとても深くというか、哲学的なくらいに知的に考える方だと思っていました。僕が出版の仕事からゲーム制作の仕事に転職するきっかけになった方ですね。

浅野さんのゲームとの関わりの歴史を教えてください。

浅野　さっき話した出版の仕事というのが、ゲーム雑誌や攻略本、それとゲームを原作にしたマンガなどの編集者だったんです。その流れで、1990年代中盤に家庭用ゲーム市場で32ビット機の発売ラッシュがありまして、その特集記事やら増刊号やらの担当になったんですね。その仕事で取材して回っているうちに、「これはゲームを作る側になった方がいいんじゃないか?」と思ったんです。仕事の関係で数年間ゲームの知識は蓄えてあったし、編集者は画面レイアウトのような仕事もやりますし。それに攻略本って、要は仕様書ですからね。そういう仕事をやっていたスキルを棚卸しみたいに考えてみたら、「これは、やれる」と思って。それで思いきってゲーム企画の会社に転職しました。ゲームの仕事として最初に入ったのは『桃太郎電鉄』の、さくまあきらさんの事務所です。

浅野さんにとってゲームって何ですか?

浅野　まず、人に感動を引き起こすエンタテインメントとして素晴らしいものだと思います。それと、ゲームについて考えることは、人間とテクノロジーとエンタテインメントなど、人間について複合的に考える営みだと思いますね。

浅野さん自身が大学でゲームを教える立場ですが、最近の若者と自分が若い時と、ゲームに対する考え方の違いとかを感じることがありますか。

浅野　そうですねえ、僕が若い頃は「テレビゲーム」とか「ファミコン」とか呼ばれてましたが、あるいは「ソニーのファミコン」とか（笑）。その頃はデジタルゲームの制作や販売という業態は、「いつ無くなってもおかしくない」くらいのポジションにあったんです、社会的に。実際に消え去った会社は数が知れません し。

今は複数のプラットフォームが安定的に並列していて、ジャンルとしても定着しました。ジャンルや業界が安定するのはとても喜ばしいことです。でも、そのせいというか、その為で、若い人たちは「ゲームというものは当たり前に存在するのだ」と思っているところがあるようです。例えば、企画を考えてもらうと、すぐシューティングゲームとか格闘ゲームとかＲＰＧとか言い出してしまう。「誰も考えつかないような面白いものを作ろう」という人が少ないのが気になりますね。

2．本書について

田尻ゲーム理論の特徴を教えてください。

浅野　かつて田尻さんが『新ゲームデザイン』という著書を出されてまして、その本の冒頭で「新しい動詞を考える、ということは、新しいゲームを作るということだと思っています。」という意味のことを書かれています。これが田尻さんのゲーム哲学を端的に表していると思いますね。その本は『ポケットモンスター』が発売される少し前に出版されたのですが、ポケモンについても言及があって、「集める」という動詞をフィーチャーしようと意図していたということなんです。

この本を、どういう人に読んでもらいたいですか？

浅野　これからゲームクリエイターになりたいと思っている若い人にはもちろん読んでもらいたいのですが、これからどんなゲームを作ろうか悩んでいるプロの方のヒントになれば、という気持ちもあります。

本書のテーマを簡単に教えてもらいたいのですが、「モチーフ」はどういうことですか？

浅野　簡単に……（笑）。うーん、僕も田尻さんの影響で「動詞」からゲームを考えることが多い訳ですけれども、その「動詞」を最も判りやすく体現する物体をデザインする、という感じでしょうか。例えば「ぷかぷかする」という動詞だったら、風船なのかシャボン玉なのか、ポリバルーンなのか、とか。ポリバルーンは判らない人が多いかな（笑）。ビニールの風船玉ですね。

「世界観」について、簡単に教えてください。

浅野　作ろうとしているゲームを、プレイヤーに最も伝わりやすい文脈で整理する、という作業ですね。例えば経営シミュレーションゲームだったら「大家さん」なのか「スーパーマーケット」なのか「ラーメン屋」なのかを考える、ということです。さらに言えば、その世界観が人の心を惹きつける、キャッチーな姿

をしていれば尚いいんです。

　とはいえ僕が参加した『クーロンズゲート』のように、世界観の方から作ったゲームもあります。「パッケージング」という概念に近いかも知れません。

「ゲーム内資産」について、簡単に教えてください。

浅野　これまでの制作経験とか人生経験でつぶさに観察して判ったことの一つとして、どういう訳か人間は、何かが増えたり育ったりすることに喜びを感じるようなんですね。逆に、減ったり無くなったりすることに寂しさを感じる。ゲームの中でも「増える」「貯まる」を表現しておくと、面白さの一つの要素として、とても有効に機能します。動詞で言えば「増やす」「貯める」になりますよね、それだけで作られたスマホゲームも結構な数があります。鉱山採掘ゲームだったり、製材所ゲームだったり。PCだと『クッキークリッカー』なんか最たるものですよね、あれはすぐ飽きちゃうからダメな例ですが（笑）。

本書を執筆されて、一番大変だったのは、どういうところですか？

浅野　僕も長い年数、仕事をしながら「面白さとはどういうことだろう」と、ずいぶん考えて来たので「どうすれば面白いゲームが作れるのか」、という理論には確信を持っているのですが、それを読者の方に伝わりやすい文章に変換するのが一番苦労しました。制作現場では、スタッフは皆一定以上の知識があるので、端的に言うのが最も伝わりやすいんですけれども、現場用語のニュアンスを文章として噛み砕いて表現するのに苦心しましたね。

3．ゲームの現在と未来

AIの進化など、ゲームをとりまく環境の変化もありますが、浅野さんにとって、未来のゲームはどういうイメージを持っていますか？

浅野　新作のゲームを考えることは既に「未来のゲーム」なのですが、「こうなるといいなあ」と夢想するゲームはあります。

　僕自身プライベートでは通勤中にスマホゲームを遊んだり、自宅でリラックスしたい時にはドラマを観たりしているのですけれども、例えば、外で遊んだスマホのパズルゲームやらアクションゲームで貯めたポイントなりゲーム内資産などを、自宅にあるコンソールに送ることができて、それがストーリーに好影響を与える。みたいなことになると面白いなあと思います。あんまり面倒くさい設定をしなくてもいいようなかたちなら最高ですね（笑）。ストーリーをどう分岐させるか、どんなシナリオがいいか、などは

AIに考えてもらいましょう。

日本のゲームと世界のゲームの違いは何ですか？　日本の優位性はどういうところでしょうか。

浅野　極端に分けるとなると、海外のゲームは「勝ち負けハッキリ」、日本のゲームは「優雅で感傷的」という感じでしょうか。日本の優位性はそれこそ「おもてなしの精神」だと思います。「そんなことまで気にする？」ってところまで親切な設計になっているゲームがいくつもあります。

本書はゲームクリエーターのための教科書になると思いますが、ゲーム教育の関係者の皆さんにアピールすることはありますか？

浅野　ゲームはプレイヤーが遊ぶことでしか成立しない、という稀有なジャンルだと考えています。そしてプレイヤーは大抵の場合、人間です。「人間にとって、そのゲームがどのように映るのか」を考えてゲームを作れるようになろう、というメッセージを込めて書いたのがこの本です。

ゲームそのものの面白さを、根源的なレベルから作り上げるためのノウハウを判りやすく書き並べましたので、並べ替えたり、逆さに読んだり、ふと思った時につまみ読みしたりしてご活用ください。

これからゲームクリエーターを目指す人に、アドバイスをください。

浅野　各種制作ツールやゲームエンジンやら、ゲーム機は今後も目まぐるしく移り変わって行くでしょうし、習得するのも大変だと思います。でも、時には技術的あるいは市場的なトレンドの外に出て、「本当に作ってみたいゲーム」「いつかやってみたい今はまだ無いゲーム」に思いを馳せてみると、自分がどんなクリエーターになりたいのか、というポジショニングができると思います。それから、思いついたアイデアは必ずメモに書き留めておくといいと思います、手書きでもスマホでも。

浅野耕一郎（東京）
東京国際工科専門職大学　デジタルエンタテインメント学科 ゲームプロデュースコース常勤講師

國學院大學 文学部哲学科 卒業。出版社等の勤務を経て、株式会社ソニー・ミュージックエンタテインメントにて、ゲームプランナー、ディレクター、プロデューサーとして数々のゲーム制作に従事。また、人気電子メールソフト「PostPet」の制作にも関わる。その後独立し、ゲームプロデュース、オンラインゲームやスマートフォンゲーム開発への参加、モバイルコンテンツ制作を行うほか、デジタルエンタテインメントに関するシンポジウムやパネルディスカッションへの登壇など、幅広く活動。主な制作参加タイトルは「スーパー桃太郎電鉄III」「クーロンズ・ゲート」「シェンムーIII」など。

書籍『ゲームは「動詞」でできている。』は一般書店では購入できません。

購入方法は本誌128ページをご覧ください。

大学・専門学校のゲームデザイン科の担当者の皆様へ。

『ゲームは「動詞」でできている。』は、世界的ゲームクリエイターである田尻智の監修による、田尻ゲーム理論の決定版のゲームの教科書です。貴校の講義に教科書として採用をご検討ください。問い合わせは、『イコール』編集部「ゲームの教科書」係までご連絡ください。

『イコール』編集部　<equal-info@demeken.net>

ブックレビュー『ゲームは「動詞」でできている』

物理学的な正しさにこだわっては面白いゲームは作れないが、適切な数学や物理がなければゲームは動かない。2つの原理を融合したところにゲームの面白さがある。

Sta（東京）
株式会社 Bit192 代表取締役

本書の監修をつとめる田尻智氏は『クインティ』『ジェリーボーイ』『ポケモン』などの名作を手掛けたゲームデザイナーであり、ゲーム誌のライターや攻略ビデオのプレイヤーなど、プロゲーマーとしても活躍した伝説的人物だ。田尻氏のことをよく知らなくても、「サトシ」という主人公の名前を聞いたことはあるだろう。

「ゲームとは何か?」を定義することはできない。その時代の人々の感覚や、技術の進化によってその形は全く違うものになるからだ。ゲームデザイン学には、それでもなんとかゲームを定義しようとしてつまづくジンクスがある。

そこで田尻氏と浅野氏は、ゲームの企画はジャンル等ではなくまず【動詞】で考えるものだと説明する。動詞とコンピュータゲームには、当初から密接な関係がある。D&D（ダンジョンズ&ドラゴンズ）クローンから始まった初期のアドベンチャーゲームは、コンピュータを進行役に見立て、「郵便受けを開ける」「手紙を取る」といった行動を、ユーザーが直接タイプして入力することで進行するようになっている。一方で、このインターフェースは「隠された単語を推測するゲーム」であり、理不尽な難易度を伴うことから淘汰されていった。

ゲームデザイン学の元祖、クリス・クロフォードは『シブートの遺産』において、キャラクターの行動や感情をアイコン化しようと試みる中で、ゲーム内のインタラクションは自然言語から機能語を省いたものと定義した。つまり「王様と話す」は「おうさま」「はなす」だし、「郵便受けを開けて手紙を取る」は「ユウビン」「アケル」「テガミ」「トル」。この考え方は高度化したゲームやキャラクターAIでも一貫して健在だ。

『スーパーマリオ』のようなゲームは、直感的なグラフィック、演出やモチーフによって、地形やアイテム、敵キャラに内包された動詞が一目見てわかるようになっている。本書はこれを「説明効果」と呼ぶ（説明効果を最大限に活用した名作に『メイドインワリオ』がある）。本書は基礎だけでなく、演出やモチーフの裏付けとなる世界観の形成、音楽の役割や、ゲーム内経済や競争型ゲームのバランス調整、ネットゲームの運営手法にも踏み込んでいる。

本書で語られるプログラマとの言い争いのエピソード（読んでいて、真っ先にマーク・フリントの名が浮かんだ）は、ゲーム制作において誰もが経験する、感覚的正しさと論理的正しさのギャップ、ジレンマを端的にあらわしている。ゲームは遊びであるがサイエンスでもあり、それがゲームデザインを困難なものにしてきた。物理学的な正しさにこだわっては面白いゲームは作れないが、適切な数学や物理がなければゲームは動かない。しかし理系・文系で学問が分割されてしまうように、この両輪を同時に操ることは極めて難しい。本書はこの感覚の領域をロジカルに優しく言語化した、クロフォード以来世界2冊目の成功例であり、日本で初めての本といえるだろう。

情報化社会の訪れで私たちの社会がどのように変容していくのだろうか

SCENE4
商品・社会装置系

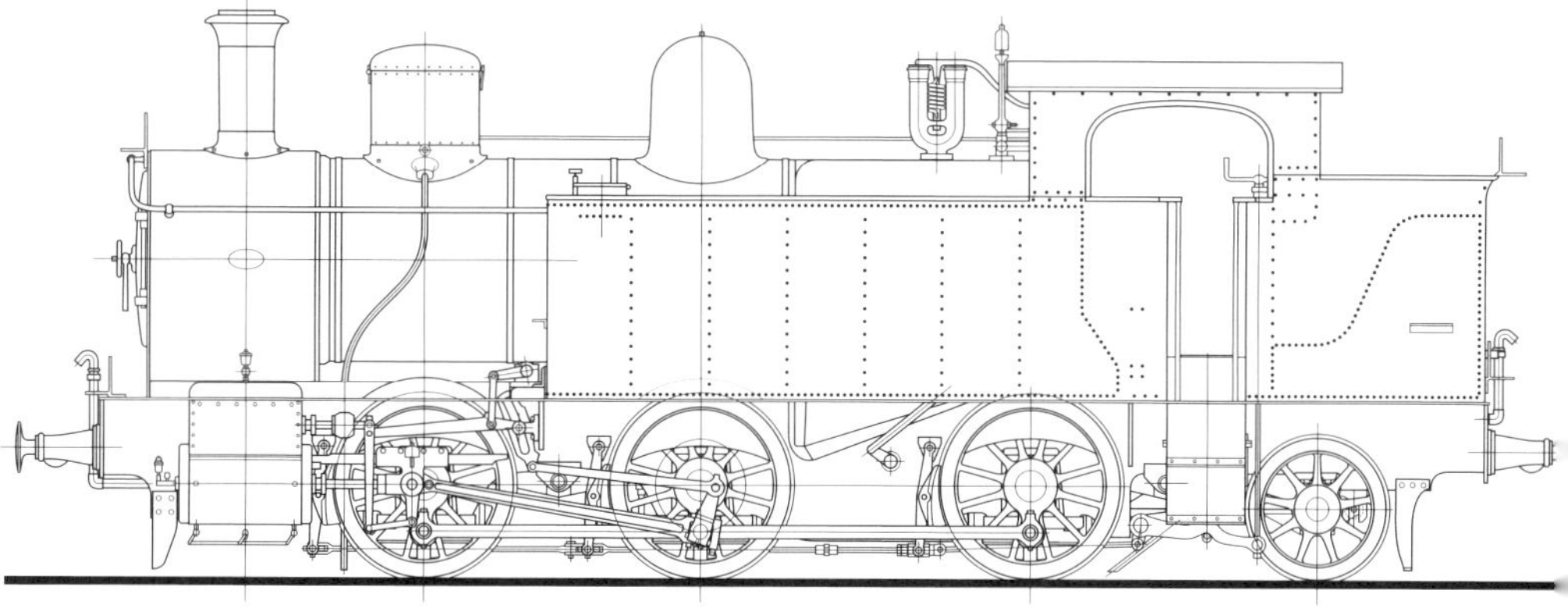

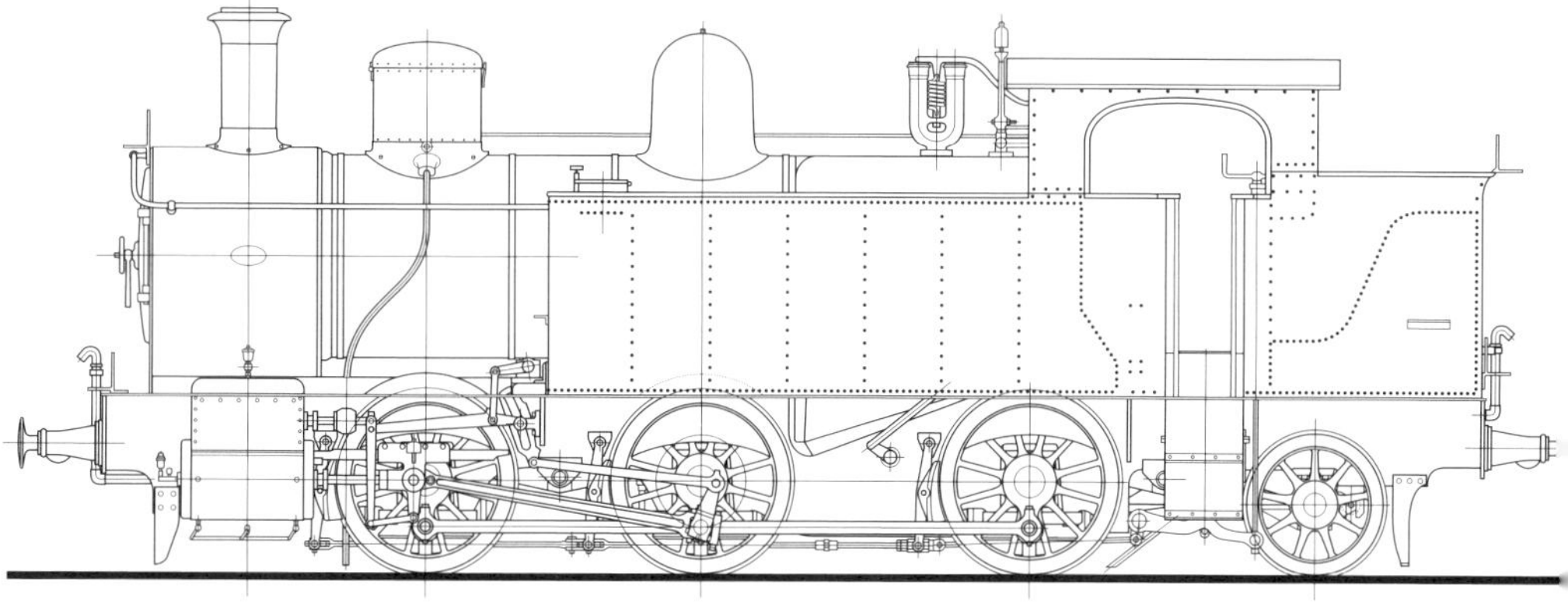

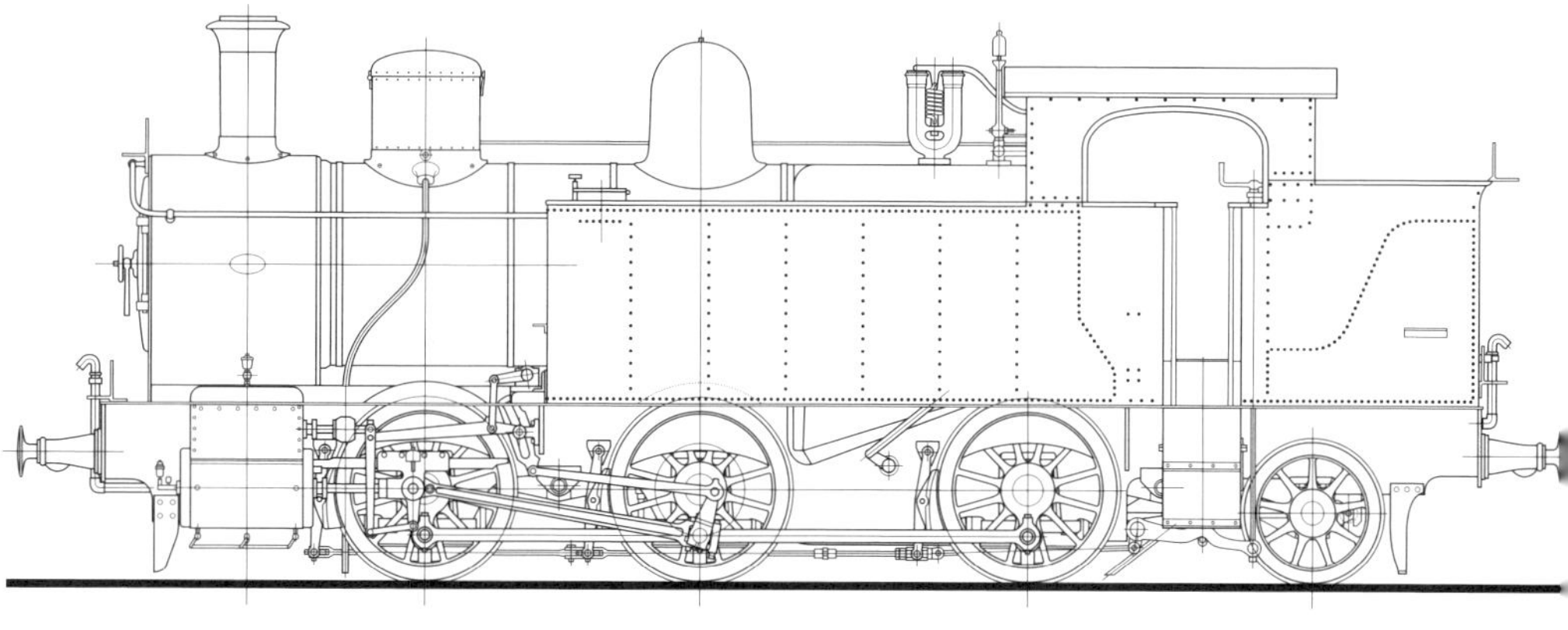

イラスト／石島治久（千葉）リアルテキスト塾４期生

特集2

日本が生まれ変わるとは、日本の地域が生まれ変わることである

日本各地で、さまざまな人たちが、さまざまな思いで、新しい地域のあり方を探っている。日本各地を『イコール』で結ぶリポートを送ります。

糸島通信

平野友康氏に聴く。
インターネットと共に生きて、
辿り着いた場所

平野友康（糸島）
株式会社メタコード代表

若きクリエイティブな時代

――平野さんが糸島にたどり着くまでの人生の経歴を簡単に教えてください。

平野　1974年、群馬県桐生市生まれです。高校の頃は、演劇に没頭していました。大学は、和光大学の人文学部芸術学科日本画専攻っていうことで入ったんですが、3日しか授業に行かず、授業料でパソコンのマックを買って、当時高かったんですけど、買ってしまいました。

　それで、最初は何もできなかったんだけど「プログラムでもDTPでもなんでもできます」と嘘ついて仕事とってきてから、どうやってやるんだろうと勉強して、徹夜して納品するということをやってました。大学の中で会社作って仕事してたんですが、大学にバレて、怒られて、追い出されました。

――どんな仕事をしていたのですか？

平野　下北沢に事務所を作って、マガジンハウスとか宝島でムックを作ってたりしました。Quarkも使えるし、Adobe系のソフトは全部使えるようになりました。全部、独学ですが、そういうのを使いこなせると仕事には困りませんでした。

――何歳ぐらいの時ですか？

平野　大学追い出されてすぐですから、21歳ぐらいです。世の中的にはオウム真理教のサリン事件があって騒然とした時代でした。出版社に気に入られて、マガジンハウスの『HANAKO』でPCの特別号をやろうということになり、編集長と一緒に企画して中身は平野に任せるみたいな感じでした。

――出版社には入らなかったのですね？

平野　ええ、フリーランスですね。『HANAKO』でPCの特別号が話題になって、他の週刊誌や学習誌も、続々とPC特集の増刷が出て、当時の流行になりましたね。パソコンブームだったので、「満広」といって広告枠が全部埋まるんです。編集部は盛り上がっていました。そんな状態のマガジンハウスに通いながら、なんとなく出版関係の知識とノウハウが身についた感じです。自己流なんですけどね。

――ヒットメーカーになったんですね？

平野　毎回ではないけど、たまにクリーンヒットを飛ばす奴、みたいな感じだったかな。コンピュータのプログラミングも自己流で学んでいたので、トヨタ自動車とかバンダイとか、そういう企業からのホームページの作成とかCD-ROMの作成とかの仕事も入ってくるようになりました。

――時代の流れにのったんですね？

平野　そんな感じかな。そうこうしているうちに、第三舞台という鴻上尚史さんが主宰する劇団から声がかかり、そこは芸能マネージメントをやっていて、筧利夫さんとかが所属していたのですが、誘われて所属アーティストになりました。

――役者になったのですか？

平野　いや所属はしましたが、実際は下北沢で自分のアトリエを立ち上げてプログラミングやデザインをしていました。するとそこに売れない役者や作家たちが集まってきて、僕が彼らに技術を教えて、能力があるやつにはアルバイト代を渡してました。その中で「モーションダイブ」というＶＪソフトを作ろうということになり、開発をはじめました。僕は子どもの頃は映画を作りたかったのですが、映画そのものではなくて、モーションダイブという映像で演奏するようなソフトを作りました。

――クラブで使われているものですね。

平野　そうです。そしたら、これが世界中でヒットしました。パソコン一台で映像クリエイターになれるソフトなんてなかったから、世界中のクラブなどで使われたんです。クラブ文化の勃興期で、ディスクジョッキーに加えてビジョジョッキーという、音楽に映像を合わせて出していくという世界的なカルチャーを作りました。

――世界的な有名人になったわけですね。

平野　ええ、どこの国のクラブにいっても「おまえがモーションダイブを作ったのか」と歓迎されました。グッドデザインの金賞をとったり、受賞歴多数みたいな人生を20代から30代にかけて過ごしました。

――その時はもう自分の会社にしてたんですね。

平野　ええ、デジタルステージという会社を立ち上げて、いろんなソフトを開発していました。そういう活動の中で坂本龍一さんと仲良くなり、インターネットライブを一緒にやったりしていました。新しいメディアを作って、クリエイターに新しい楽器のようなソフトウェアを提供するみたいなことに燃えてました。

ハワイへの移住と挫折

――もうデジタルステージはやってませんよね。

平野　具体的には3・11の東日本大震災の時に、いろいろ考えることがあり、会社を売却しました。元々、40歳ぐらいになったら海外で生活したいみたいなことを漠然と思っていたので、40歳をきっかけに、家族揃ってハワイに移住しました。

——ハワイでは何をしていたのですか?

平野　最初は学生みたいに勉強をしていました。その後、キッズホテルを作ろうと思い立って投資家を集めてプロジェクトを推進しました。元々、ソフトウェアを開発する人間だったので、ハードウェアを作ってみたいという欲求がありました。それも、世界で一番難しいといわれていた、ハワイのワイキキにキッズホテルを作るというプランを立ち上げたんです。途中までうまくいったんですが、最終的には、自分の至らなさもあって、大失敗し、大赤字ぶっこいて、自分の財産っていうのは、ほぼ無くしてしまいました。会社売ってお金持ちになったんですが、今はかなりの貧乏生活です（笑）。僕は、まずお金儲けを考えるよりも、自分がどうしてもやりたいことをどうビジネスとして成り立たせるかという順番で考えます。それがうまく行くときもあれば、失敗するときもある。今は立ちあがろうとしてもがいている時期です。

2015年ごろにハワイで計画していたキッズホテルの企画書。結局コロナ禍もあり大失敗。ほぼ全財産を失う。

——波乱万丈の人生ですね。

平野　子どもの時の体験を時々思い出すんです。6歳の時に父親を亡くして、小中学でDV受けたりとか、まあ当時昭和だったし、特にひどかったって言うつもりはないけど、群馬の田舎の中で、お母さんとかおばあちゃんは良い人なんですけど、なんか大人の世界がぐちゃぐちゃしてるんですよ、特に、昭和から平成にかけての時代はひどかった。大人になっても、いろいろひどい目に遭ったし、汚い世界や怖い人たちも散々みてきました。

——そういう経験の中で、表現の世界に関心がいったんですね。

平野　映画を作りたかったし、文章も書くのは好きです。僕は岡崎京子のマンガが大好きで、下北沢に引っ越したのも、そういう理由があるんですが、ひどい世の中の現実の中で、ささやかな幸せを見つけて綺麗だな、という感じがすごく共感しました。表現で人の気持ちがつながったり、人生を変えたりできるんだなあと思ったりしました。

――社会的な成功とは関係ないんですね。

平野 ええ、ソフトウェアの仕事で一応成功したのですが、だんだん、ソフトウェアだけではなくて、リアルな空間や場所作りに関心が移っていったんです。僕はコミュ障なこともあってコミュニケーションツール作ってきたんですけど、でもだんだん、空間とか場所を作りたいって思うようになって、一度はハワイでホテルを作ろうと思ったんだけれども、結局、旅行者のため、日本から来る家族連れのための一時的な空間を作ろうとしていたのに過ぎないんだと。で、そういう風なことではなくて、暮らしそのものを作るっていうことが自分がやりたいことなんじゃないかと思ったんです。なぜかというと、つまり、これまでの社会はあまり素敵ではないと感じているから、良い社会を作りたいと、どうしても思ってしまう。

――平野さん自身の人生の流れの中で糸島につながるのですね。

平野 暮らしそのものを作るっていっても、一体、どうやったらいいんだろうって毎日考え続けてます。去年の一時期は、東京の神保町に可能性を感じたりしました。その中で糸島に目が向いたのは、糸島の人たちと知り合ったことが大きいですね。

糸島との出会い

――糸島はどういうところですか?

平野 糸島は、福岡市という大都会に隣接しながら、田園が広がる場所です。畑が広がり、海があって、そういう自然豊かなんですよね。そこでは、昔からの暮らしっていうのが確かにあるんです。

そういう素晴らしい環境の中に、九州大学の新しいキャンパスが生まれ、1万8000人の生徒と教職員がいて、毎年3000人の18歳、19歳ぐらいの若者がやってきて、4年とか博士課程を入れても6年で去っていくという繰り返しがあるんです。そういう土地の可能性を感じて素晴らしいと思いました。

――地域に流動性があるんですね。

平野 コロナが明けてから全国のいろんなまちに行ってみたんだけれども、人の入れ替えがないまちっていうのは30年ぐらいいつもメンツ同じなんですよ。飲んでるメンツも仕事してるメンツも。会社もそうですよね。毎年、人が入れ替わっていくのが社会としてはすごくよい。

――糸島に可能性を感じたのですね。

平野 九州大学の隣に広大な土地があって、市長もそこに新しいまちを作ると宣言しているのに、具体的には動いていなくて、誰も手出しができないというので、僕はふらふらっと引き寄せられて、糸島に移住し、手弁当で糸島のまちづくり構想をはじ

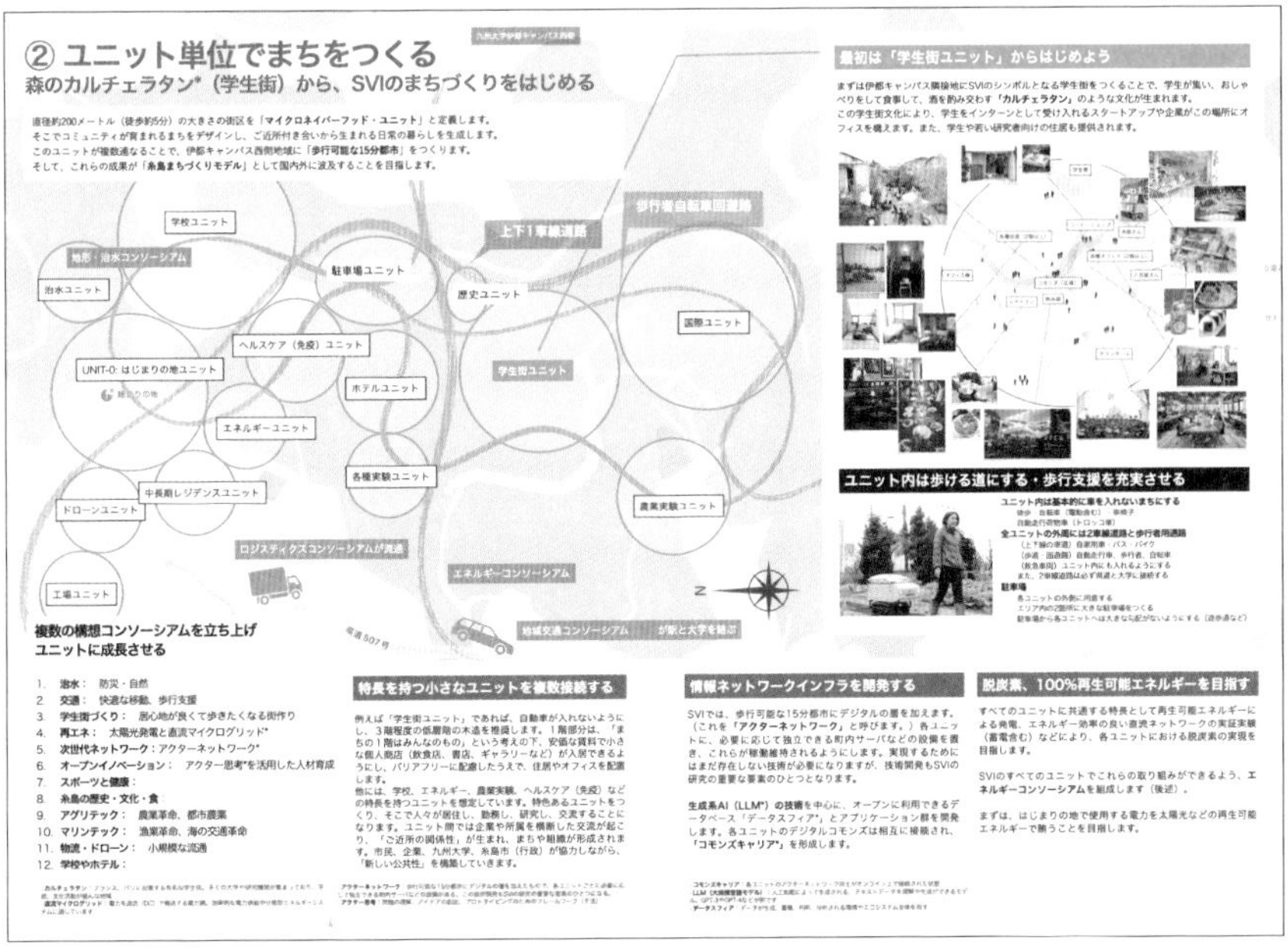

ユニットで構成・発展させるまちづくり。

めてしまった。それが今年の動きです。

――平野さんにとって場所へのこだわりって何なのですか？

平野　少し学問的な視点で説明しますね。物理的な道具を作るっていうのは、実際にそれを触ってみたり使ってみたりすれば、良いか悪いかっていうのは基本的にはわかる。トンカチを作るとか、電話機を作るとかというのは「デザイン思考1・0」と呼ばれる行為です。「デザイン思考2・0」になると、タッチパネルが組み込まれたiphoneとかipadとかになります。そのことで私たちは新しい体験をするので、体験をデザインすることになる。例えばカレンダーアプリと通知システムを組み合わせて、予定を知らせることができるようになる。更に、カレンダーアプリの予定を他の人と共有して使うということは、共有体験をデザインすることになる。こうやって、単なる道具を人間が使いこなすことで二次元のものが三次元になっていく。

そして今僕が取り組んでいるのは、「アクター思考」という関係性のデザインです。アクター思考では、人間の頭だけは捉えきれない四次元の空間や人やモノや動物などとの関係性を捉え、デザインしようとしています。

――現代の最先端のテーマですね。

平野　今、時代の先端、時代ミーハーの人たちは、村作りしようとか、小さな本屋さん作ろうとか、新しい学校を作ろうとかって思ってますよね。この「場」とか「空間」に向かっていくムーブメントというのは、すべてがこの「関係性のデザイン」なんです。関係性というのは、人と人、人とモノ、人と動物、人と空間など、あらゆるアクター同士が何らかの交換をすることで生まれるネットワーク現象なんです。

――未知の世界ですね。

平野　結構細かいステップを追って、一つ一つ整理しながら、こう、ロッククライミングのように登っていかないと理解できないし、デザインできないっていう難しい世界です。自然はすべて関係性で成立しているので当たり前なんですけど、これを人間が意図的に作ろうとすると、めちゃくちゃ難しいわけですよ。さらにこれからの人類は生成AIを中心とするデジタル技術を駆使して、新しい自然環境を作る方向に向かっていきます。これは斉藤賢爾が「メタネイチャー」といってる概念です。

――平野さんにとって「場」ってなんですか？

平野　「場」というのは関係性の痕跡が可視化された空間ですね。関係性によって場所が生成（ジェネレート）されていくんですね。これの一番大きなものというのが、おそらく村づくり、まちづくりっていうものなんじゃないか。現代のクリエイティブの最先端はそこに確実にあるのだから、時代ミーハーとしては、どうしても飛び込まなければいけないテーマになったんです。

奥出直人氏を囲むミーティング

糸島の仲間たち

左から平野、竹中直純氏、奥出直人氏

――糸島プロジェクトの設立メンバーは？

平野　まず、奥出直人さん。奥出さんは学問の人、慶應義塾大学の教授です。自分では凡人だというのですが、とんでもない人で「奥出GPT」と言いたいくらいの情報量と教養があります。さまざまな学問や研究論文、アリストテレスでもいいし、ニュートンでもなんでもいいんだけれども、過去の人たちが残した痕跡とかツール、その人の考えた思考とかっていうツールをもとに、ガンガン、いろんなところに挑んでくんですよ。これはもう、ほんとにバーチャルで、ある種、攻殻機動隊のバーチャル世界みたいな感じなんだけど、すごく力強く、進んでいく僕らの隊長です。

――竹中直純さんは？

平野　竹中さんは2ちゃんねるを作った、ひろゆきの会社の社長でもあるんだけれども、村上龍の小説『希望の国のエクソダス』の主人公ぽんちゃんでもある。独立国を作ろうとか、突拍子もないことを考える人ですよ。竹中さんとは坂本龍一さんのインターネット中継を仕込んだ先輩なんですが、インターネットを作った一人でもあるので、とても尊敬しています。

――高野雅晴さんは？

平野　高野さんは「いたずらの人」ですね。この世を多次元的、多階層的、阿頼耶識《あらやしき》的に捉えている。あちこち出没しては、いたずらと称する影響を与えていく謎の人です。

――共通していることは？

平野　この3人はメタコードという糸島に設立した会社の設立メンバーでもあります。全員が多次元的な世界で生きてるっていうのが共通してますね。

――糸島のまちづくりに参加して欲しい人はどういう人ですか？

平野　基本的に誰でも歓迎なんですけど、糸島では、小さな動きから少しずつ、地域の人や行政の人や商店街の人を巻き込みながらやっているので、やってることはとても地味なんですよ。だから、キラキラした人は来て欲しくない（笑）。自分の自己実現、都会的な自分探しを、糸島の中に持ち込んでほしくないです。小さな動きが周辺をまきこんですこしずつ確かなものになっていくというまちづくりをして、それをロールモデルにして、日本各地に増殖させたいですね。それが僕が時代の最先端だと信じている、関係性から生成されるまちづくり、アクター思考によるまちづくりです。何かを感じたらぜひ連絡ください。

関係者一同。中央は月形祐二市長

平野友康（ひらの ともやす）　元株式会社デジタルステージ代表。メディアクリエイター、ソフトウェア・アーキテクト。代表作にVJソフトウェア「motion dive」、映像ソフトウェア「LiFE with PhotoCinema」、ウェブ制作ソフト「BiND for WebLiFE」などがある。雑誌やラジオ出演も多く、代表的なものにはニッポン放送「平野友康のオールナイトニッポン」（1997年〜1998年）や「平野友康のお台場ラジオ会館」など。現在は、株式会社メタコード、テレポート株式会社の代表取締役。

亀田武嗣の
日本全国❶
うまいもの塾

美味しい話・果物の加工と生食

日本各地の生産者たちのアドバイザーとして訪問している亀田武嗣が、足で歩いて見つけた美味しい情報を紹介します。

亀田武嗣（東京）
デジタルメディア研究所

日本の果物はどんどん甘く美味しくなっている。しかし、こうした農家の努力に盲点がある。

日本のトマトが欧米で通用するか？

大規模トマト農家を経営しているトマトの神様と話をしたことがある。毎朝圃場の土を食べて足りない肥料を確認する。糖度と酸味のバランスを調整して、仕入れ希望価格に合わせた「甘さ」のトマトを育成する。糖度を上げると面積単位の収穫量が少なくなるので価格が上昇する。しかし相手の希望仕入れ価格はそこまで高くない。糖度をそこまで上げなくても、酸味を調整することで「甘さ」を引き立てることができる。

そんなトマトの神様、以前欧州にトマトを持参し、こんな甘いトマトが日本では作れるんだぞと意気揚々と紹介した。しかし欧州では全く評判にならなかった。逆にトマトを甘くして何がしたいんだと怪訝な顔をされたという。

トマトは調味料であり、加熱して美味しいトマトが好まれる。酸味が重要。日本とは評価基準が違ったと。

果物の品種改良の方法論の限界

知り合いのパティシエに美味しい洋梨を紹介して、ケーキ用に使えないか、相談したことがある。洋梨のタルトに使って欲しいと。ケーキ用の洋梨のピューレは欧州から輸入したものを使っている。それを国内産にと相談したのだが、駄目だった。日本の果物は１００年以上の歳月をかけ、品種改良を繰り返し美味しくしてきた。

しかし加工したときに香りが残るというテーマで品種改良をしてはいなかったらしい。加工用の果物は輸入品には勝てないなぁと、そのパティシエに言われた。

傷ありや選果落ちの、俗にB級品と総称される果物が加工に回されるのが日本。加工したら最高に美味しいから！　と言える国内産加工専用果物はなかなか探せない。

それと酸味の問題。日本の果物は甘い。だけど甘すぎるとも思う。加工用の果物は酸味がないと加熱した加工後に間延びした味になる。

佐藤錦で作ったさくらんぼジャムとか甘い蜜の入ったりんごでアップルパイを作っても、イマイチ。

さくらんぼなら古い品種のナポレオン、リンゴだったらこれも昔の品種である紅玉やマッキントッシュ。酸味のしっかりと残っている品種のほうが合っている。

最近酸味のある品種が見直されているのは、それだけ果物加工品のニーズが高く、生食用の果物のマーケットが縮小しているからだろう。

加工用の果物栽培は結構将来性があると思っている。


2022年の農産物輸出額伸び率ランキング

順位	項目	前年比増加率（%）	金額（億）
1	柿	50.0	12
2	鶏卵	42.4	85
3	梨	40.1	13
4	パックご飯	32.2	8
5	牛乳・乳製品	30.9	319
6	イチゴ	29.1	52
7	桃	24.8	29
8	米	24.4	74
9	メロン	24.3	13
10	栗	21.0	5
11	日本酒	18.2	475
12	ブドウ	16.4	54
13	ナガイモ	16.3	27
14	かんきつ	15.5	13
15	リンゴ	15.4	187
16	キャベツ	15.1	4
17	切花	12.7	15
18	サツマイモ	12.6	28
19	緑茶	7.2	219
20	植木など	6.6	74

農林水産省資料より

福井市三国で蟹をいただく筆者

亀ちゃんが生産地の最新情報を教えてくれます。

亀田武嗣の日本全国うまいもの塾

一般社団法人 未来フェス

MIRAI FES!
Crowdfinding of event

クラウドファンディング大手の greenfunding と提携しています。
『イコール』コミュニティの関係者による、
さまざまな活動の協力募集を行っています。
https://greenfunding.jp/miraifes

公文俊平情報塾（第二期）

社会システム論の第一人者である公文俊平先生の講義と参加者の議論の場として 2018 年から 2020 年までの第一期を終了しました。コロナ期を経て第二期を開始します。

第二期は公文先生の指定した書籍による読書会という形式になります。第一回目の課題図書は『万物の黎明』デヴィッド・グレーバー（著）, デヴィッド・ウェングロウ（著）, 酒井隆史（翻訳）で行います。読書会の内容は『イコール』で報告します。

今後も読書会を実施します。詳細は『イコール』サイトをご覧ください。

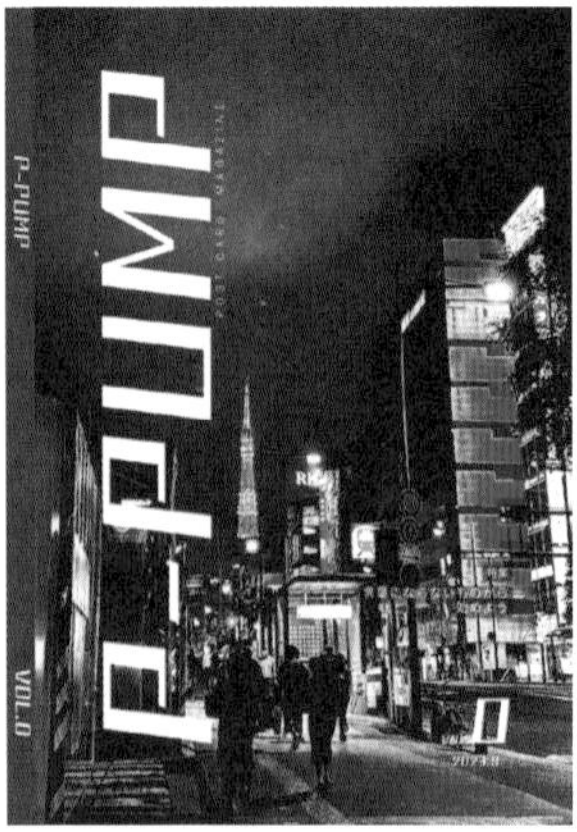

深呼吸絵葉書ブック P-PUMP vol.0

15 人のクリエーターが作った 15 枚の絵葉書が 1 冊の本になりました。もちろん、剥がして使えます。あなたの友たちに絵葉書を出してみませんか。

サイズ・絵葉書サイズ
定価・1800 円
販売・Amazon、書店などで購入できます。
https://amzn.asia/d/4NGHAGm

深呼吸絵葉書ブック P-PUMP は、
今後もクリエイターを募集して、
シリーズで発行していきます。

知らない街で「屋台」を出して5年になります。

吉池拓磨（東京 / もちより屋台・店長）

「東京世田谷区の桜神宮の境内で吉池屋台をオープンして 5 年。見たこと、知ったこと、感じたことをベースにして、日本各地に「もちより屋台」を広めていきたい。」

深夜のコンビニには「生活」があった。

私が世田谷にある桜神宮という鳥居の下で屋台をはじめてから5年以上になります。仕事を終えてから開くときもあれば、休日の日中に屋台を引いて現れることもあります。不定期ではあるものの、街を歩けば挨拶を交わす顔なじみができるようになってきました。

私は、ひょんな偶然で桜新町で屋台を出すことになりましたが、世田谷区出身でもなければ、桜新町で生活をしていたこともありません。ましてや屋台に通ったなんて思い出のない私の屋台のルーツは、コンビニの深夜バイトでした。もともと地域やコミュニティということに興味があったものの何をしていいのかわからない私は、さまざまなコミュニティ・イベントに顔を出して話を聞きに行ってはFacebookの友達を増やして帰ってくる20代前半でした。

イベントも最初はとても楽しかったのですが、ある時からどことない消化不良を起こしていました。それはどのイベントに顔を出しても、設計会社の方や学生、元気のある若手経営者、田舎暮らしに期待をもっている人などなど、皆さん良い人で興味の近い話をするときはとても面白いのですが、「街」ということを主語に考えるとその「街」で生活をしている人の顔が見えないことがとても多かったのです。

それに引き換えコンビニの深夜バイトのお客さんたちは、「街」の生活者そのものでした。毎朝始発に向けて新聞を買うサラリーマン、パチンコのお金をおろしに来る大学生、終電間際コンビニ弁当を買って帰るOL、いつも同じ話を長時間してしまう高齢者。ここに集まる人たちは街づくりといった言葉の中で生きているのではなく、その人たちの生活の中で街は勝手につくられていくのだということを、私に教えてくれているようでした。

路上の宴会に衝撃。

そんなある日、いつものアルバイトに向かう時の路上の片隅で、大学生が段ボールとブルーシートで「誰でもどうぞ」とコンビニの缶ビールをもちながら宴会をしていました。その様子を頭に残しながら深夜のレジを打ち込んでいる時に「私は知らない人が集まれる場所を作るのだ！」と思ったことを今でも覚えています。一見ホームレスの宴会にも見える風景ですが、今まで挨拶もせずに通り過ぎていた人が、その場所があることで顔見知りになるかもしれない、私のように通り過ぎたとしても何かを頭に残すかもしれない、そんな路上の強引性に惹かれたのです。

26歳の時に友達と集まってリヤカーから自作をしたところからはじまった屋台ですが、私は「もちより屋台」と呼んでいます。というのも屋台には何もないからです。保健所への申請では売り物を一品決めなければならないので「焼きそば」で申請しましたが、焼きそばを提供したことはありません。

では、何を目当てに屋台に集まるのかというと、個々人の「もちより」です。お酒を持ってきてくれる人もいれば、食事を作ってきてくれる人もいます。もちろんコンビニおつまみやスーパーのお惣菜なども大歓迎です。皆さん、私のサービスを買うのではなく、それぞれ飲み物やつまみを持参して、自分の心地の良い場所を求めて屋台に集まってくれるのです。

私の仕事はというと環境整備です。路上の強引性に惹かれたといいましたが、それは違和感であり不快にもなります。私は皆さんの声が大きくなりすぎないように、通行の邪魔をしないように目や耳を配ります。私たちは決して無法者ではなく、地域の皆さんの広い心の隅で遊ばせてもらっているという思いを、常にもっていなければいけないと思っています。

街に「もちより屋台」を！

そんな屋台にはいろいろな人が立ち寄ります。小中学生もいれば80代のおばあちゃん、散歩中のお父さんに、ジム帰りの大学生などなど。それでも共通して感じるのは、地域でどこの団体にも属していない人が多いように思います。町内会やPTA、はたまた行きつけの居酒屋など自分のコミュニティを「街」でもっている人が集まるというよりは、引っ越してきたばかりの人や、「街」という生活圏内の関係性を強くもっていない人たちが屋台という場所に集まり、出会いの中でいろいろな場所を選んで、または自分で作っては通り過ぎてゆくのです。時には屋台が居場所になってしまっている方もいますが……。

5年間桜新町という地域で屋台を行い色々な問題も見えてきましたし、逆に可能性も感じることができました。次はこの活動をより多くの人に知ってもらい、別の地域でも屋台をやってみたいという人をサポートすることが必要だと考えています。今までは私が私の手の届く範囲で屋台を行いながらいろいろな実験をしてきたつもりです。次はあの「街」やあの「人」が屋台を行いたいと思ったときに、私の5年間の失敗経験や成功体験をお伝えしたいと思っています。そして、「街」をつくるのではなく、参加をしたくなる「街」のシンボルとして屋台のもつ強引性と思いやりを体験する人が増えてくれれば嬉しいです。

宮司さんが「神社はお参りをするだけの所ではないよ」と場所を貸していただきました。
現在は月替わりの御朱印が有名で多くの方が訪れます。

おはぎちゃん
第1回
原作・橘川幸夫
作画・空海

ぼくは「おはぎちゃん」
少し甘いところがあるけど
頑固だよ。
ルン
ルン

仕事はね、占い師。何にも売らないよ。
お客さんとの
甘い時間を過ごすだけ。
わくわく

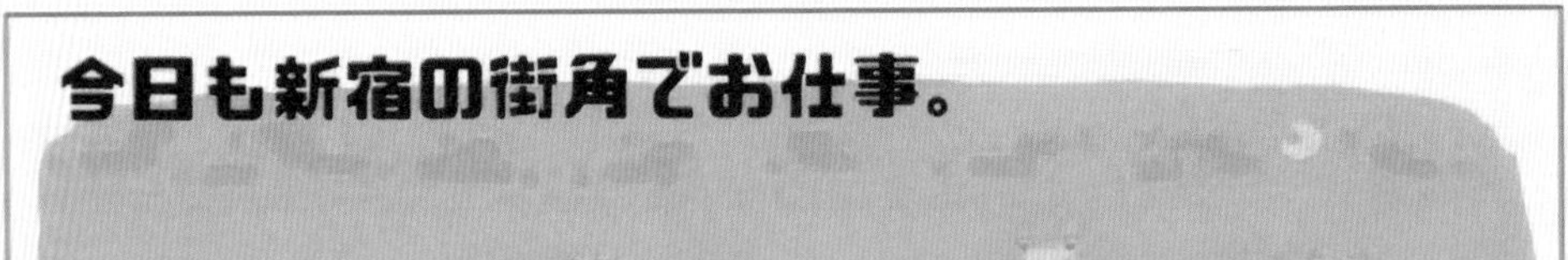
今日も新宿の街角でお仕事。
ここ

おはると
我思う故に我甘い。

LOOSE LEAF ―わたしとまちと原子力―

フリー冊子「LOOSE LEAF」

東京での仕事が終わり故郷に帰ったら、廃炉が決まった原子力発電所が宙ぶらりんのまま在った。

福嶋輝彦（福井）
株式会社ピー・ティー・ピー代表

大学の恩師である舛添要一氏が大臣になり誘われて、それまでやっていた福井での地域づくりの仕事を中断して大臣の秘書官となり、そのまま10年間、国や東京都の政策立案や関連するステークホルダーの調整などを行った。舛添氏が突然東京都を去ることになり一緒に辞め、また郷里の福井に戻った。

福井には15基の原子力発電所がある。そのほぼ半分の7基の廃炉が決まり、原子力の後始末が始まっているが、今後、電力事業者や国の力だけでそれらを進めていくことはなかなか難しいだろう、ということを知った。

欧米の廃炉の先進地では、廃炉を進める電力事業者や国と一緒に、地域住民や地元企業、立地自治体が、自分事、当事者としてその課題に向きあっていると聞いた。

その方法論は、地域住民が廃炉や放射性廃棄物、放射線のことを学び議論し、時間をかけて自分の地域の未来を考える、地元企業が組合のようなものをつくり自分達が主体的に廃炉や放射性廃棄物の処理・処分の仕事に関わる、というものだ。そして、それらの活動はその地域をエンパワーしているという。

原子力・廃炉立地の敦賀市で、先人たちから脈々と受け継がれてきたものに、自分たちの思いも入れて、地域の活動として繋ぎながら「次の世代が誇りをもってこの地域で生きていけたらいいよね」と、朗らかに笑う人たちと、この3年間、廃炉や放射性廃棄物のことを勉強しながら、地域や自分の今を考え、リーフレットを制作した。

原子力、廃炉、放射性廃棄物、放射線、ほぼ永遠に続く、その課題と可能性に向かう力は、未来への希望と地域の矜持の中にある。

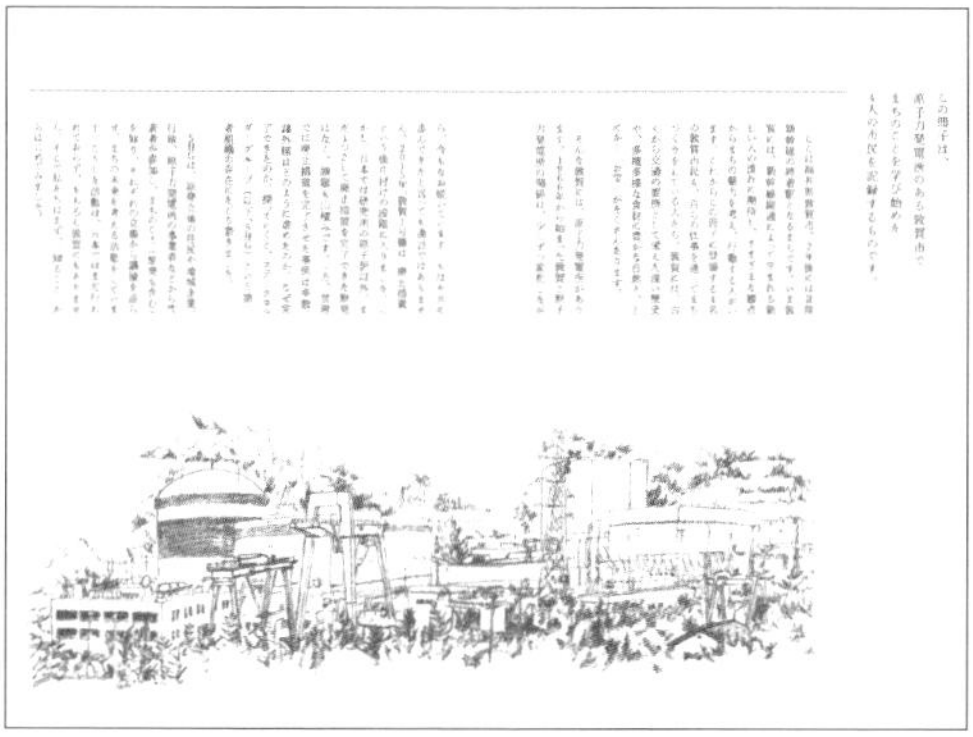

「LOOSE LEAF」本文見本

LOOSE LEAF・発行
敦賀 SHG | 福井県（tsuruga-shg.org）
https://www.tsuruga-shg.org/
小冊子を置いていただけるショップ、飲食店、施設等ございましたら、ご連絡ください。発送いたします！
お問合せ先：
tsuruga.shg@gmail.com

深呼吸旅行社

深呼吸学部では、「会いたい人にみんなで会いに行く」をテーマに、各地のユニークな人材や独自の活動をしている人を訪問しながら地元の美味しい料理を食べるツアーを行っています。学びと観光を合わせた旅行を計画していきます。

◇2022 年 8 月「鞆の浦・仙酔島 (広島) に大空宗元さんに会いに行く旅」
◇2023 年 3 月「福井県三国市で採りたての蟹をたらふく食べて福嶋輝彦くんに原発廃炉問題を学ぶ旅」
今後もユニークな人たちに会いにいく旅を企画しています。

深呼吸旅行社
https://note.com/metakit/m/mdcd0f61ea3fe

モノの流れと

物流企業経営者から見た「コンテナ」の革命と肉体労働者の運命

私は、メーカー系物流子会社で20年間にわたり経営に携わってきました。この経験を通じて、「モノ・人・時代」という視点から物流が社会にどのように影響を与えてきたのか、私の関心事を紹介したいと思います。

◇物流の起源

物流の起源は「持つ」と「運ぶ」という基本的な要素にあります。大量のモノを運ぶ能力が経済の発展に貢献しました。運搬手段は時代とともに進化し、最初は牛や馬が使われ、台車やリヤカー、車、フォークリフトなどが登場しました。近代には「鉄道」が荷物の運搬を変革し、戦後は「道路」の整備によって車社会が拡大しました。しかし、これらの手段の源流は「船」と「港」にあり、水と風の力を活用してモノを運ぶ歴史が始まりました。今でも「海上輸送」はグローバル経済に不可欠な要素です。

◇コンテナと沖仲仕

コンテナは物流のイノベーションの象徴です。マルク・レビンソン氏は『コンテナ物語』（日経ＢＰ）で、この箱の発明が世界の物流に革命をもたらしたことを詳しく紹介しています。ビル・ゲイツ氏も賞賛し、日本でもひろゆき氏や岡田斗司夫氏が取り上げ、話題になりました。コンテナは「モノ」を世界中に効率的かつ経済的に運び、グローバル経済の成長に寄与しました

コンテナの普及以前には「沖仲仕《おきなかし》」といわれる人々が船から港への荷物の積み下ろしを担当していました。広域暴力団の山口組の源流が、この沖仲仕だったことはよく知られています。これらの労働者は重労働を強いられ、一部は専門的なグループになりました。この時期の社会的変化や関係性については大下英治の『ハマの帝王 横浜をつくった男 藤木幸夫』（さくら舎）で詳しく説明されています。港とヤクザ、物流と経済が複雑に絡み合い、戦後復興から高度経済成長時代の裏

戦後史

浅沼正治（東京）
物流企業経営者

と表を理解する参考になる書籍です。

◇時代の変化の中で

コンテナの登場により物流は根本的に変わり、イノベーションとして賞賛されましたが、同時に副作用や脆弱性も現れました。特に、大型コンテナ船に対応する港の不足、港湾労働者の不足、コロナ禍におけるコンテナの問題、自然災害、安全保障上の懸念が議論されています。そしてコンテナ物語の主人公である、コンテナを発明したマルコム・マクリーン氏の人生も時代の波に翻弄されていきます。

さらに、コンテナの登場により沖仲仕の存在が大幅に減少しました。身体を駆使した労働は技術に取って代わられてきましたが、労働者たちのその後についての議論はあまりありません。暴力団組織が拡大した1970年代以降との関連性は不明ですが、肉体労働者に対する理解が必要かもしれません。

◇物流の未来

物流分野だけでなく、省力化や自動化などのテクノロジーの発展が続く中で、体を使った労働や手仕事の重要性を忘れず、次の世代に伝えることが重要です。物流の未来を考えたとき、ロボットやAIによる技術発展は不可欠です。しかしおそらくは、人間が行う「持つ」と「運ぶ」という行為は工程によって残るように思います。合わせて、肉体労働を軽減するために発達してきた多くのテクノロジーや機械化の流れは、やがて逆流し、身体を使った仕事に人間は再び回帰したいと思うかもしれません。単純に昔に戻るということではなく、「身体性」と「仕事観」との意識に大きなパラダイムシフトの気配を感じるからです。

『コンテナ物語』『ハマの帝王』の2冊を補助として、海上物流からみる社会変容を捉えて見ました。興味があったらぜひお読みください。物流に関する書籍の読書会など、今後、物流研究会（モノの流れ過去・未来）を実施したいと思います。関心のある方はイコール編集部付で浅沼までご連絡ください。

日経BP

さくら舎

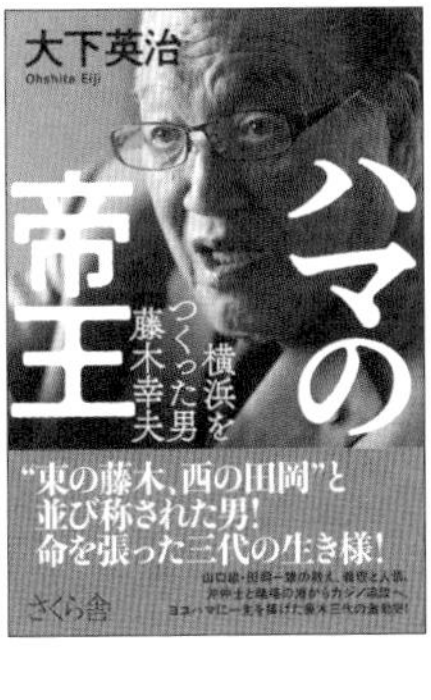

暗中模索ワークショップとは何か？

田原真人（茨城）
デジタルファシリテーション研究所

暗中模索ワークショップとは、田原真人が開発したオリジナルメソッドの名前である。不確実性が増す時代状況の中で、個人も、会社も、行政も、前例のない意思決定をしていかなくてはならない。そのときに必要な力を「暗中模索力」と名付け、その力の正体を分かりやすく実感できるワークショップを開発した。２０２３年５月に行った「蜃気楼専門学校　身体と創造性」という１泊２日の研修でプロトタイプを実践して以来、わずか５カ月で20回以上の実践を行ってきた。本記事では、その背景となる考え方とワークの実践方法について解説する。

背景1　前例踏襲と前人未踏

人類は、言葉と文字を発明し、誰かが見つけたことを、前例として踏襲することを可能にした。その結果、生まれた子供は、ゼロからスタートするのではなく、人類社会が蓄積してきたものの上で、人生を送っていくことが可能になった。人類社会に蓄積してきた言葉、ルール、制度、文化などについて学び、前例を踏襲して、社会の一員として振舞えるようになることが生きていくために不可欠になった。

一方で、生命は、新しいものを創造する能力を持っている。新しいことを思いつき、前人未踏の何かを始めることができるのだ。生命の持つ創造力により、社会システムの前提条件は変化し、かつては合理的に機能していたルールや制度が、機能不全に陥ってくる。そうなると、現状に即した新しいルールや制度を再設定していくことが必要になる。社会システムは、現状に即して、繰り返し作り直していくということが必要なのだ。そのため、社会システムを維持していく前例踏襲と、社会システムを揺るがして再構築していく前人未踏の両方の性質が必要になってくるのだ。

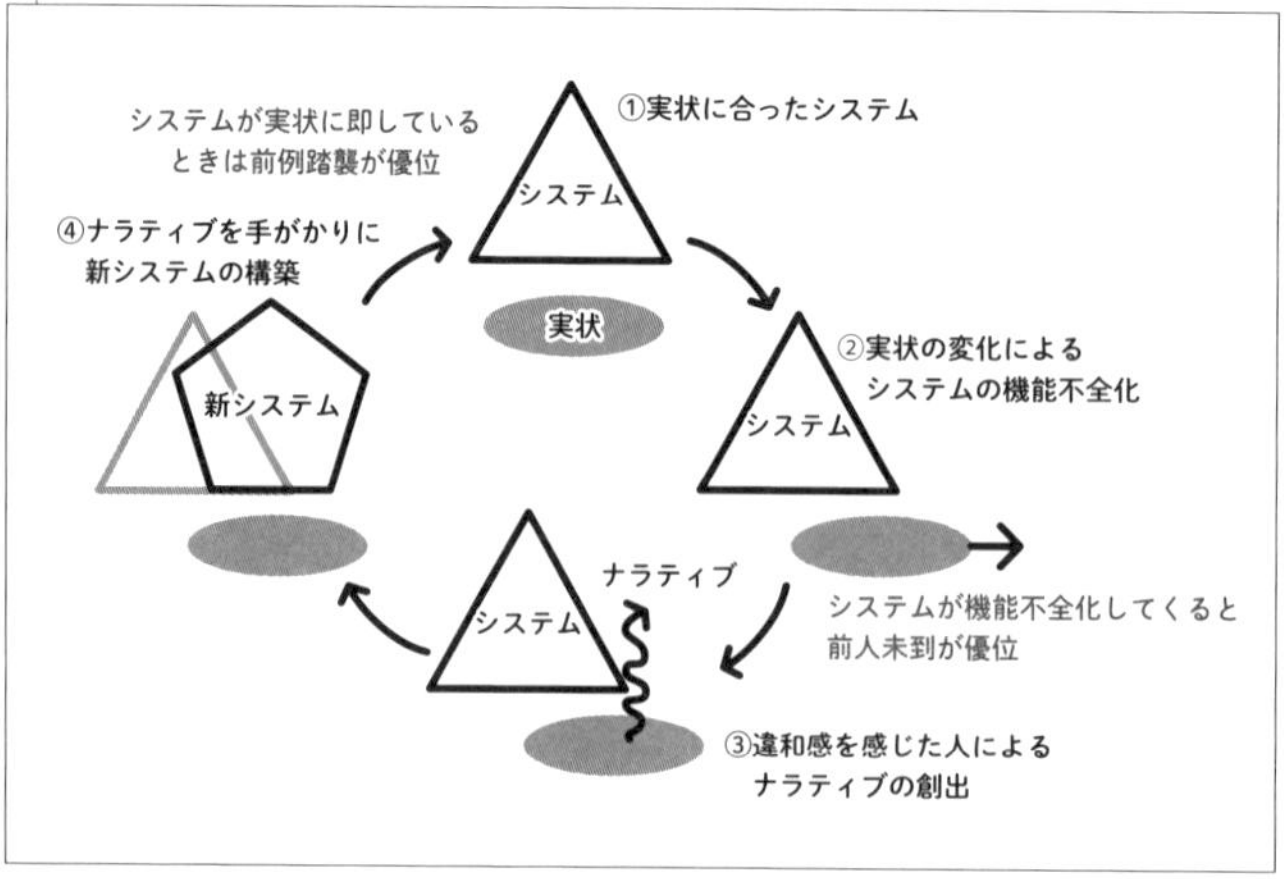

背景2　社会変容のモデル
Two Loops

社会システムが機能不全に陥る一方で、システムの周辺部から新しい動きが生まれ、旧システムと新しい動きが融合する形で新しい社会システムが生まれてくるプロセスを、一般的に表すのが、new storiesが開発したTwo Loopsモデルである。このモデルに前例踏襲と前人未踏の動きを重ねると上のようになる。

前例踏襲が優位な状況から、前人未踏が優位な状況へ切り替わるタイミングで、個人や組織や社会は混乱状態になる。そのときに、時代の流れと個人や組織の歴史、自分や組織を取り巻く状況を身体知を使って認識し、次の一歩を踏み出すことができる力を、暗中模索力と名付けることにする。

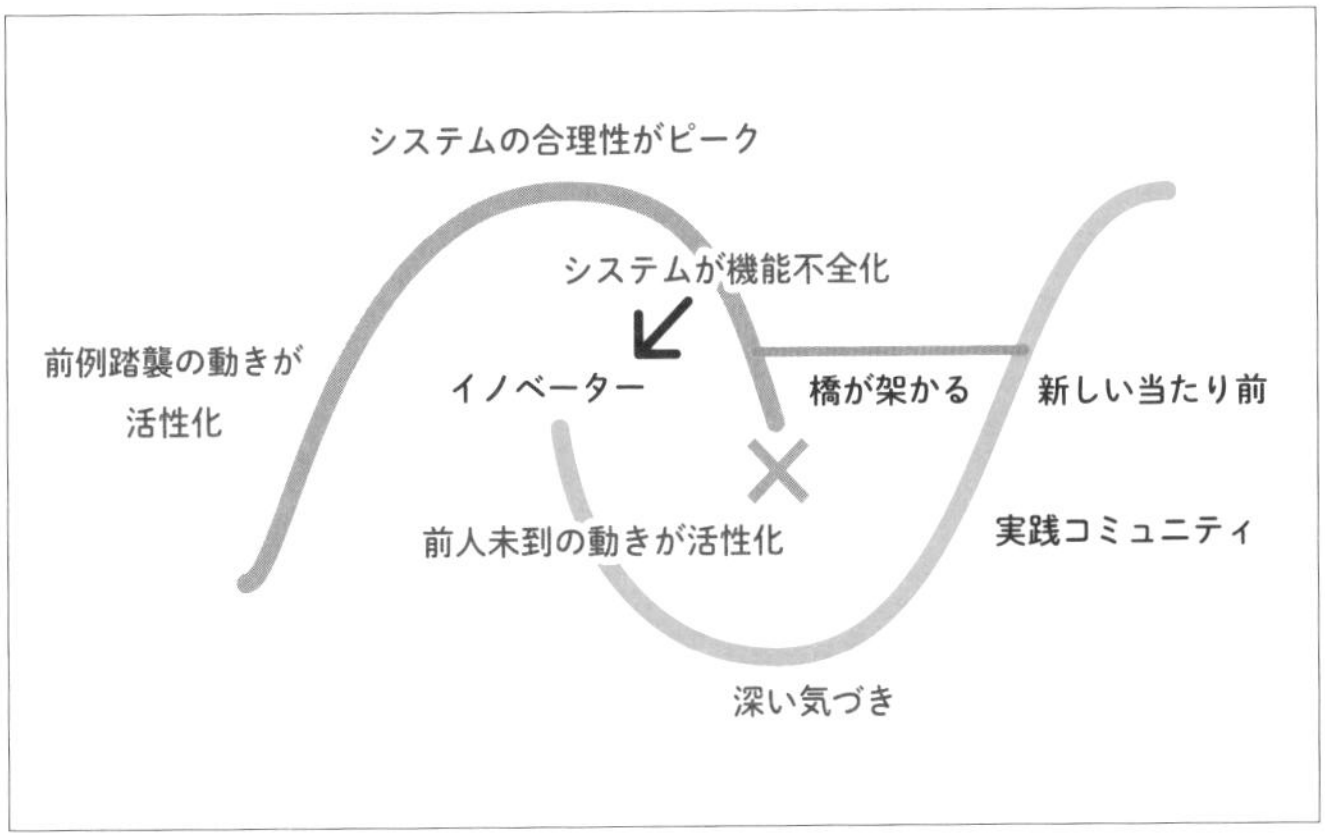

暗中模索ワークショップ

暗中模索ワークショップは、床にビニールひもでTwo Loopsモデルを描き、その上でワークを行う。基本的な流れは以下の通りである。

Step 1　参加者が個人史を語りながら、Two Loopsの上を歩く。
Step 2　参加者が、普段対峙している人が、Two Loopsのどこにいるかを示してもらい、そこに別の参加者が立つ。
Step 3　ロールの声を出し合い、対話する。立ち位置を交換して、対話を続ける。
Step 4　立ち位置を3～5年後に移動し、どのように感じ方が変わるかを感じてみる。

ワークを通して、自分を取り巻く時代の流れと社会の構造を把握し、次の一歩を身体知を使って見出すことができる。
暗中模索ワークの事例を、漫画で表現したいので、協力者を募集します。

着物と生活と私の人生

渡邉ちか
深呼吸学部塾生

20代からフォーマルな場では可能なかぎり着物を着るように心がけています。皆さんと同じく私も着物を着たのは成人式の振り袖でした。母が用意したのは将来アレンジが可能なように、と小紋の振り袖でした。小紋とは着物全体に細かい模様が施されたカジュアルな柄で振り袖に仕立てることは稀です。今思うと母は非常にポップな考え方をしていました。

私が20代前半、披露宴に出席する独身女性の大半は振り袖を着ていました。長い袖はまるで蝶が羽を拡げたように華やかです。しかし20代後半にもなると振り袖の豪華さと自分の外見とのギャップに違和感を覚え始めました。フォーマルドレスを試みても、式場の鏡ばりの柱に映る自分の姿は今ひとつ冴えませんでした。その時、友人の付下げにお太鼓結びという着物姿がとてもエレガントでした。振り袖に比べ短い袖は目線を上に、お太鼓結びはシンプルかつ地球の重力に抗えなくなってきているお尻をさり気なくカバーし、粋に見せてくれます。

さて着物をとり巻く現状はどうなっているのでしょう。私の住む山形で正保4年創業の布施弥七京染店名物専務、YouTuberでもある布施将英さんにお話をお聞きしました。

「昭和55年のマーケットがピークで100とすると今は85%減です。着物をクラシック音楽に例えますね。古典のままで残そうとしたクラシック業界でしたがロックやパンクと言う突飛なジャンルの登場を経て、古典も守りつつ、今の交響楽はゲーム音楽とのコラボやタレント起用のコンサートが好評です。着物とはレコードに針を落とすようなひと手間掛かるものですが、手軽に着られる浴衣やデニム素材が人気で好調なように、だんだんと着物もポップス化してきました」

今はSNSに着付け動画が沢山ありますし、裁縫が不得手でも半襟をファスナーや布用両面テープで取り付けが可能です。布施専務のお話からも、私は着物に対するハードルは以前に比べてだいぶ下がってきていると感じています。

着物についてZoomでおしゃべりする会を企画しています。関心のある方は、『イコール』編集部 <info@equal-mag.jp> まで「着物トークライブ関心あり」と書いて送ってください。

着物で VR を楽しむ筆者

新しい時代の中でさまざまな模索をしている人たちがいる

SCENE5
時代・人系

イラスト／ふちがみユマハル（東京）保育園年長

新刊と一緒に回る旅

書くことで人生が変わった私が新刊『本当の私を、探してた。』を発行したので、本を持って日本各地を訪ねてみた。

青海エイミー（茨城）
作家

文章を書き始めたきっかけは何ですか？

2011年からマレーシアに住み、クンダリーニヨガを教えていました。コロナ禍で、マレーシアではとても厳しい「行動制限令」が出されたんです。スタジオでのヨガも禁止されたので、クラスをすべてオンラインにしました。

そうしたら、生徒さんが減ってしまい、困ったなあ、集客しなくては、と悩みました。それで、noteに『運動も英語も苦手な私が、海外でヨガティーチャーになる話』という体験談を書き始めたら、私の文章に「泣きました」など多くのコメントをもらうようになり、すごく驚いたんです。「私の書いたもので、人が泣くのか！」と。

それで、小説を書いてみようと『ジミー』を書きました。クラウンドファンディングでたくさんの方に応援していただいて、2022年5月に出版されました。私はその後、帰国して、noteの連載をもとに『本当の私を、探してた。』を書き上げました。

▲ Books & Coffee 谷中 TAKIBI

今回、新刊発行にあたって、全国を回ったということですが。

安藤哲也さんという、出版業界では有名な方が東京・谷中で「TAKIBI」というシェア書店をはじめられたのですが、安藤さんとお話しする機会があって、地方では本屋さんが少なくなって、本を読むきっかけがなくなっている、ということを聞きました。その話を聞いたあとで実際に「TAKIBI」に行ったら、目が見開かれる体験をしました。私は最近あまり本を読むことは減っていたのですが、本屋さんで何か面白い本がないかなあ、と探している時の幸福感を思い出しました。いろんな棚には「人」がいるんです。「人がいる」という感覚が失わ

れたら、幸せを感じにくいのかな、って
なんとなく思いました。

それで『本当の私を、探してた。』の新刊が出るので、思い切って、全国を回って私という人間と本を紹介して回りたいと思ったのです。

各地を回ってみて、どうでしたか?

野辺山、軽井沢、広島、糸島、福岡など、各地でユニークな活動をしている素晴らしい人たちと出会って、たくさんのおしゃべりをしました。自分の本があると、それをきっかけに話が弾みますし、それまで私自身を表すものがなかったのですが、本を出すことによって、楽になりました。私自身の「心の旅」であったような気もします。

▲糸島の顔が見える本屋さん

▲本のあるところ ajiro

読者の方にメッセージをお願いします。

私は、いつも「自分の思っていることを言ってはいけない」という気持ちがありました。自分の考えていることは変なことで、口に出すと人が離れてしまうと思っていたんです。ところが、一人の部屋で、誰が読むとかも分からずに書いた『ジミー』が本になったとき、多くの人に受け入れられたんです。

それには、本当に驚きました。

私にとって書くということは、心の深いところに降りていくような感じです。

▲昼スナ

▲ノドカフェ

そして、そこは、私だけの特別なスペースではないと思うのです。本を開いているとき、おそらく人はその場所にいるのではないでしょうか。

　私は、どうかその場所でつながれますように、と思っています。

　そんな場所の存在を信じてほしい、と思います。

　本を読むのも書くのも、そういう意味では似ていて、自分の心の深いところにふれていくことだと思うんです。

　私の本は、作家が素晴らしいことをレクチャーしている、というものではありません。そうではなく、読む人にとって、自分の心の深いところに触れるための、そういう媒体としての本であってほしい、というイメージがあります。

　だから、メッセージとすると、その、心の深いところを大事にしてほしい、そこで出会いたいです、ということです。

▲ひつじが

▲ mina books

山田スイッチ（青森）

コラムニスト。家に竪穴式住居があります。２児の母。

高度経済成長 Sketches

戦後社会の中で「自動化」が果たした役割を考える

滝 和子（東京）
深呼吸学部塾生

高度成長を知らない世代

ここ1年ほど、80歳前後の方に取材活動するグループ（高度経済成長期を取材する会）を運営している。「日本の高度経済成長期」（1955〜1973年）について知りたいからだ。私は日本が成長している実感を持ったことがない。バブル期（1986〜1991年）の株価上昇や高付加価値製品の開発は知っているが、あれは既存価値を拡大する時代だった。それより前の高度経済成長期に生活をがらっと変えてしまうような新しい価値を続々と生み出した時代があったらしいが、正直まるでピンとこない。でも、現代はあの頃と同じく新しい価値がどんどん生まれる時代状況なのではないか……。というわけで、当時を知らない人間が現代と過去をつないだ考察をしてみたいと思う。

高度成長以前の主婦、凄すぎ

1950年台後半の三種の神器といえば、洗濯機・冷蔵庫・白黒テレビが有名だが、ちょうど同じ頃、東芝から自動式電気炊飯器が新発売された（1955年）。

同時期に長野県の農村で幼少期を過ごした医師に取材して驚いたのだが、かまどを利用した炊事は大変な重労働だったらしい。特に米を炊くことは、日本人の毎日の食事のために最重要なタスクだった。井戸で重たい水をくみ上げ、煙に苦しみながら薪を燃やしてかまどに火をつけ、米に芯が残ったり柔らかくなりすぎたり、焦げ付いたりしないようにかまどの火の強さを度々調整しながら付ききっきりで番をしないと満足に炊き上がらない。キャンプで飯盒炊さんをやった人ならこの大変さがわかるのではないだろうか。この気の抜けない作業を毎日、下手すれば一日二度三度と行っていたのだ。さらに焼き魚や漬物などのおかずも用意して。うーん、主婦すごい！

そんな生活状況の中「セットすればひとりでにご飯が炊ける」炊飯器が登場したのだ。最初こそ米が自動で炊けることへの不信感と、価格の高さでなかなか売れなかったらしいが、東芝社員が農村で実演販売を続けたことで「主婦が1時間寝坊できる」と評判になり、炊飯器は家庭の必需品になっていった。

キーワードは「自動化」

今回見えてきたキーワードは「自動化」だ。今の私たちに置き換えると、画像・文章生成といった人力が必須だった作業を自動化するAI技術が次々と開発されている。私たちがChatGPTやCopilotの進歩に一喜一憂しているのと同じような感覚を、高度経済成長期の日本人も日々感じていたのではないだろうか。当時のかまどで米を炊く作業のように、自動化すると生活ががらっと変わる作業が現代にもきっとあるに違いない。

一緒に調査・研究する仲間を募集します。

★高度経済成長期を取材する会に参加したい方は、『イコール』編集部 <info@equal-mag.jp>まで、参加希望の旨を連絡してください。

イラスト　滝和子

人口減少世界の進行プロセス

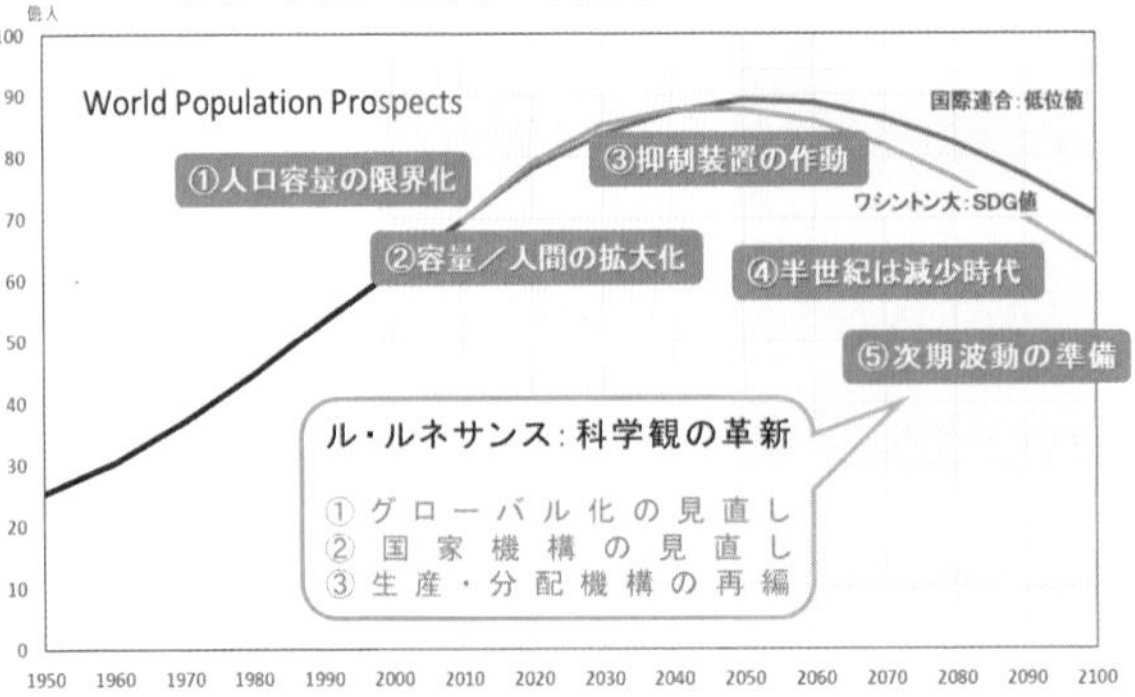

source: ①UN ,World Population Prospects 2022, ②Washington Univ. IHME, Forecast,2020

©T.FURUTA,GSK

このような課題が達成されれば、次代の人口波動、工業後波を引き起こす、新たな社会知として「オムニシャンス：Omniscience」が生まれるとともに、倫理・使命感を持った新世界観が誕生し、それに伴って「集約的・統合的集中性」という社会知が形成されます。

社会知の転換によって、社会構造を見直す傾向が強まり、グローバル化では、国家を超えた共同体の拡大が、国家観では、間接民主制の修正や超越的な行政運営などが、生産・分配制度では、国際分業や市場経済の見直し、資本集中や所得不均衡の是正などが、それぞれ準備されることになるでしょう。

古田隆彦

日本を代表する人口論研究者。研究領域は広く、応用社会学、人口社会学、未来社会学、消費社会学、マーケティング論、生活学、消費者行動論、文明論など多岐にわたる。深呼吸学部では、古田先生の連続講義を実施しました。

人口論

ル・ルネサンスが始まる！

世界人口は今後 30 年ほどで減少していきます。
私たちには新しい世界観が必要です。

古田隆彦（東京）
現代社会研究所所長・青森大学名誉教授

世界人口がピークを過ぎて減り始めると、人口増加を前提に創られてきた、さまざまな社会装置が大きく揺らぎ始めます。

それと並行して、従来の社会装置を超える、新たな社会構造への模索が始まります。

かつて黒死病（ペスト）大流行の後、ルネサンスが開花したように、今回もパンデミックの後、「ル・ルネサンス」が開花するのです。

「ル・ルネサンス」という言葉は、私の造語です。元々の Renaissance（再生）が re（再）と naissance（生きる）の合成語であるのを継承して、もう一度 re（再）が訪れて Re-Renaissance が開花する、という意味です。

今回のル・ルネサンスでは、現在の世界人口容量を超えて、新たな人口容量を創り出すための仕組み、社会的な知恵が模索されます。

それゆえ、最初の課題として、現代文明の基本構造である「科学」という社会知をどのように変えてゆくかという視点から、次の３つが浮上してきます。

１つは、工業前波の分散的な科学（Science）の後に、統合的な新科学（Omniscience）の到来を準備すること。

２つめは、倫理・使命感をもった新世界観（New Cosmology）を創造・並立し、分散型社会の暴走や弊害を抑えること。

３つめは、工業前波を主導してきた「分散的・個別的充足性」という理性を細かく反省し、もう一度「集約的・統合的構造性」という知性を回復させること。

各地を走り回るファシリティター田原真人が出会った時代のキーマンたち

谷口千春さんと「みんなの庭」

「minagarten」(広島)の庭園の日常の中に生活演劇の場が生まれる

コロナパンデミックという冬の時代が終わり、対面で会う機会が増えてきた。その動きとシンクロするように、「居場所」や「スペース」という言葉を目にする機会が増えてきた。例えば、映画館には、映画を見に行く場所という明確な使用目的があるが、「居場所」や「スペース」には、映画館のような明確な使用目的がない。じゃあ、何もないのかというと、そうではない。そこには、「何かが生まれやすくなるような仕掛け」があるのだ。明確な使用目的がある空間とは違う方向に工夫が凝らされているのだ。

広島県広島市佐伯区皆賀の閑静な住宅街の中にあるコミュニティ施設「minagarten」のオーナーの谷口千春さんは、このスペースを、「演劇の舞台のようなもの」として捉えているという。そこで行われる日々の営みは、即興演劇のように筋書きのないドラマを生み出していく。建物の内部と外部の境界はあいまいで、外部との連続性を保ちながら、緩やかにしきられている。建物内には、パン屋、カフェ、サロン、書店などが入っているが、それらの境界もあいまいである。週に1回、月に1回などのペースで開かれるお店もあり、建物内のスペースは、使う人によって異なる形に編集される。建物に記号が埋め込まれていて、その指示に従って人が動くのではなく、まるで積み木遊びをするように、空間や物を、使う側がさまざまに見立てて楽しむことが許されている。新しい使い方が生まれると、新しい意味付けがスペースに与えられる。それらが重なり合って、「可能性の重ね合わせ空間」が生まれてくるのだ。

minagartenという空間に足を踏み入れると、「自分ならここで何をやれるかな?」と、自然と想像が巡り始める。谷口さんのところには、日々、さまざまな「やりたいこと」の提案が来るのだという。そんなとき、谷口さんは、手始めにマルシェへの出店を勧めるのだという。minagartenでは、定期的にマルシェが開かれていて、異なる目的で訪問した人たちが相互に交じり合う。マルシェでの取り組みを通して、お互いの相性を含め、相互理解を深めていくと、次のステップ

谷口千春さん

が自然に見えてくるのだという。

谷口さんは、自身のことを「モノガタリスト」と呼ぶ。彼女は、その場所や人に流れている文脈を紡いで、新たな文脈を生み出すのだ。

彼女の祖父が、現在、minagarten が建っている皆賀という土地に園芸卸売業真屋農園を創業したのは、50年以上前のことだ。両親が引き継ぎ、彼女と妹は、この地で子供時代を過ごした。この地は、彼女たちにとっての「庭」だったのだろう。都会で働いていた彼女が皆賀に戻ってきたのは、コロナ直後のこと。とりあえず1週間だけのつもりの帰省が緊急事態宣言により東京に帰れなくなり、3ヶ月実家に閉じこもってリリースの準備をすることになったのだそう。真屋農園の跡地を利用して新しいことを始めようとしたときに生まれた言葉は、「皆賀に『大きな庭』、始まります。」だった。皆賀＋庭（ドイツ語でガルテン）ということで、minagarten という名前が生まれたのだ。

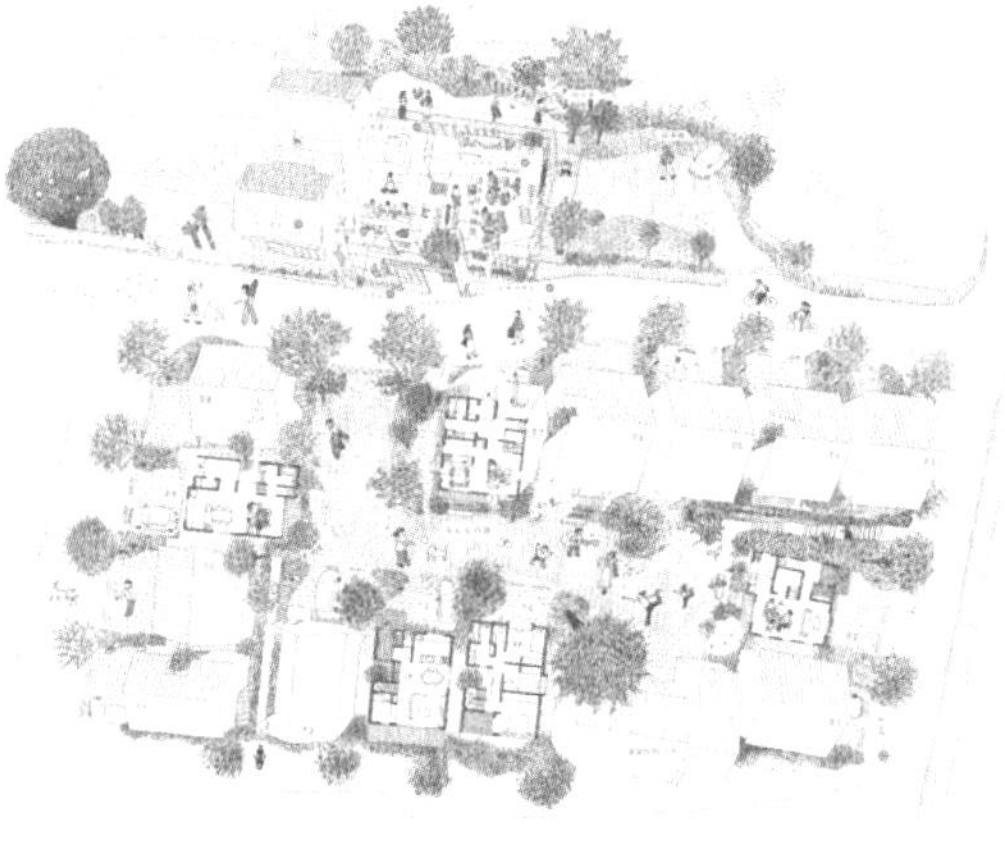

最初に言葉が生まれて、後から、そこにふさわしいものができてくる。minagarten ができてくるプロセスは、そのようなものだったとのこと。「みんなの庭」がコンセプトになったことで、建物ではなく、その「あいだ」にある余白のスペースが主役になった。「みんなの庭」は、使い道が限定されず、そこに集う人の想像力によって様々な形で使われる。そして、使われることで集う人の身体に記憶が痕跡として残り、「みんなの庭」になっていくのだ。谷口さんの言葉が、「みんなの庭」を生み出し、そのスペースで生まれた物語が、日々の幸せを作り出していく。minagarten の物語は、まだ始まったばかり。これから、どんな物語が紡がれていくのか楽しみだ。

田原真人
デジタルファシリテーション研究所 代表。早稲田大学大学院博士課程中退。河合塾などで「物理のカリスマ講師」として活躍。東日本大震災を契機にマレーシアに移住し、10年以上、オンラインで教育、コンサル、ファシリテーターとして活動を続ける。２０１７年、コロナのはるか前に『Zoom オンライン革命！』の著書を発行する。

「図解コミュニケーション」への招待

久恒啓一（東京）
「図解塾」塾長

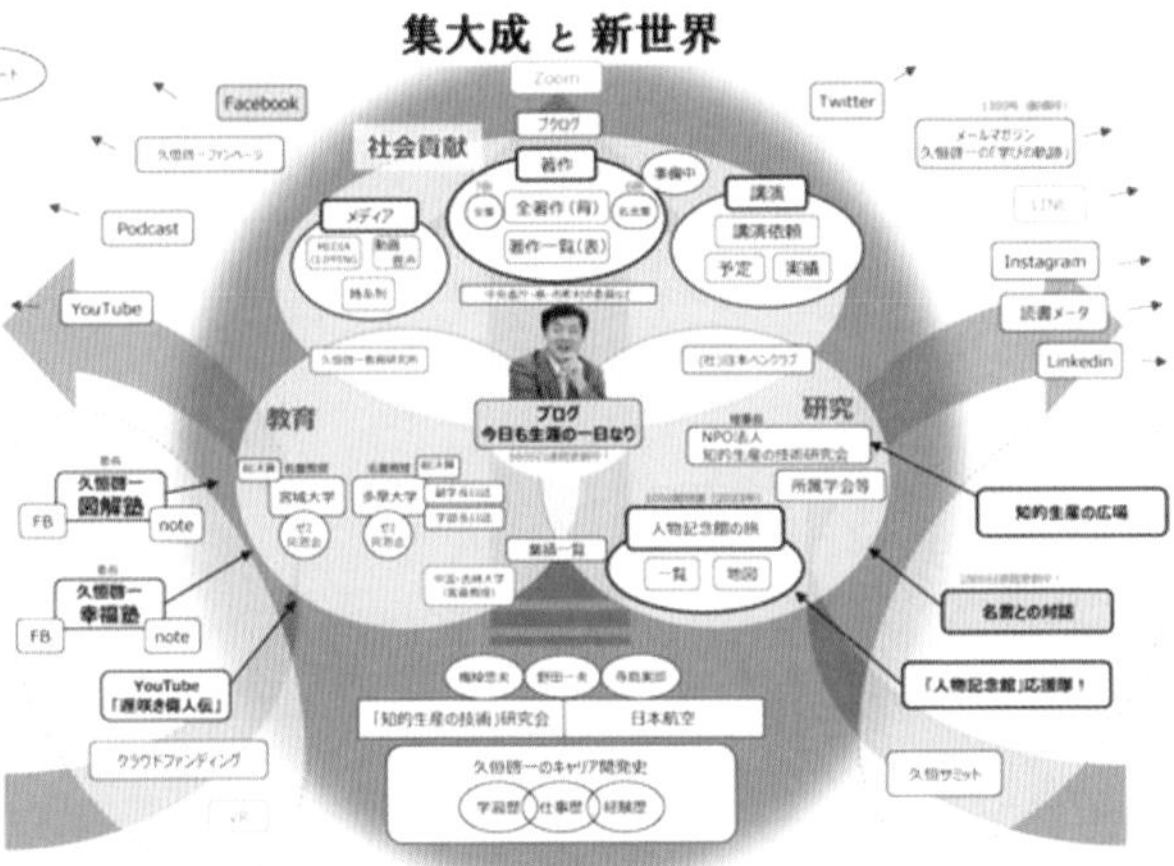

●**質問**　簡単な自己紹介、キャリアをお願いします。

●**回答**　キャリアの前半はビジネスマン。後半は大学教授。現在は「自遊人」になりたてです。自ら命名し開発した「図解コミュニケーション」に関する研究成果は100冊を越える著書になっています。

https://www.hisatune.net/

●**質問**　図解との出会いはどういうものでしたか。

●**回答**　ビジネスマン時代に「文章至上主義と箇条書き信仰」に染まった風土に辟易。理不尽な上司や同僚を一挙に殲滅できる武器をさがし図解を発見しました。それ以来、快調に仕事ができるようになりました。図解はビジネスと人生に立ち向かう強力な武器です。

●**質問**　図解のメリットを簡単に教えてください。

●**回答**　「マルと矢印」を使うだけで、「全体の構造と部分同士の関係」をデザインできます。見晴らしがよくなり、一目で全体を眺望できます。自分と会社全体との関係、社会とのかかわりが理解できて、やるべきことがはっきりわかります。そして「腑に落ちる」感覚を味わえます。

●**質問**　図解をする時に、大事なことは何ですか。

●**回答**　世の中を鳥の目でみること。鳥瞰です。虫の目、虫瞰という細かなことに煩わされる現場から上空に飛翔し、自分の置かれている状況、立ち位置を爽やかに眺めることができます。

●**質問**　ビジネスの中で図解は、どう役立ちますか。

●**回答**　「理解・企画・伝達」というあらゆるビジネスシーンに抜群の威力を発揮します。図解は人類共通語なので、図解の中の単語のみを英語、中国語、ヒンドゥー語などに翻訳すれば、世界中の人々とコミュニケーションがとれる。日本人が開発したグローバル時代にふさわしい強力なコ

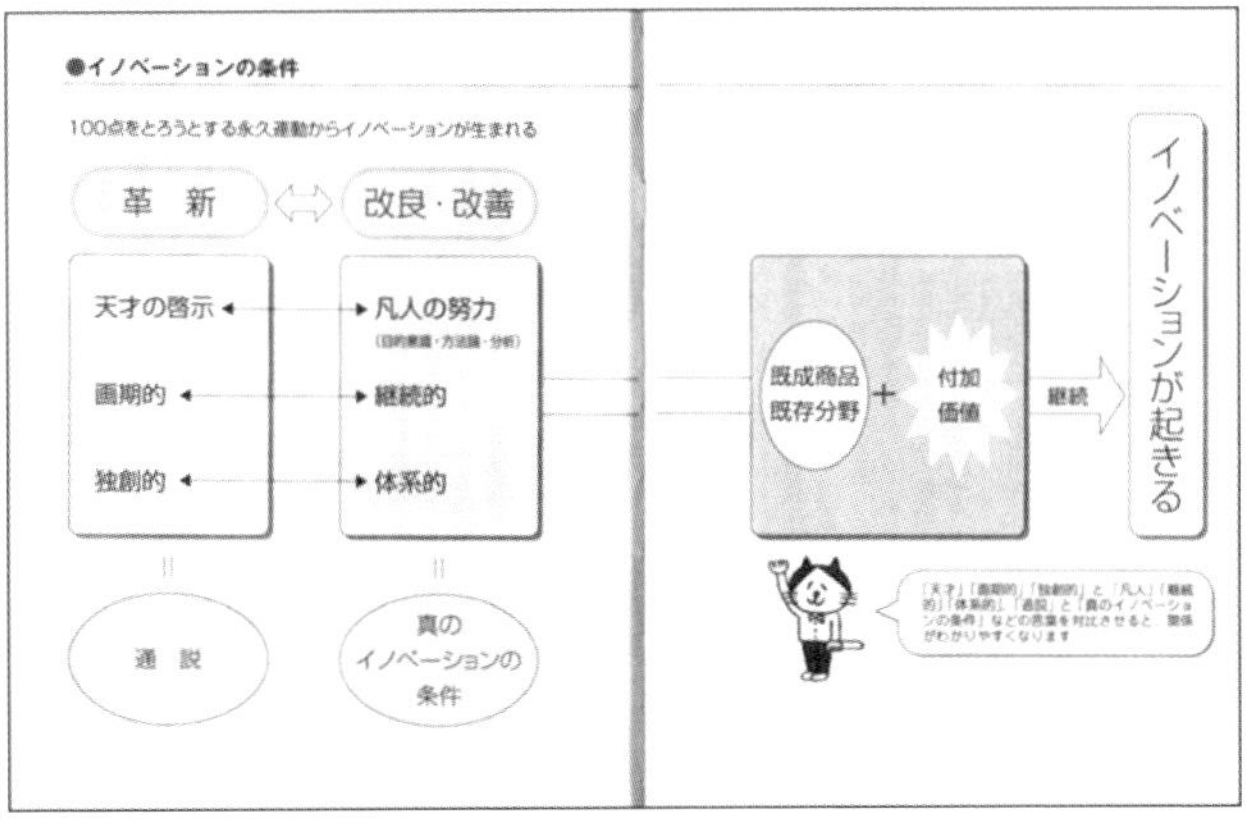

久恒啓一『図解で身につくドラッカーの理論』（中経出版）より

ミュニケーションツールを手にしましょう。

●質問　教育の中で図解は、どう役立ちますか。

●回答　日本人が失っている「考える力」を養成する有力な方法論です。知識を「覚える」のではなく、自分の手で、自分の頭で、新しい考えをつくりだす。その過程で知識が「身につく」感覚を味わうことができます。この方法を身につければ、後は現場があるだけです。この武器を縦横に使いこなして、楽しい人生を送りましょう。

●質問　今、図解を使って欲しいのはどういう人たちですか。

●回答　考える力を身につけたいあらゆる人。問題解決力を身につけたい人。

●質問　これからの図解の可能性を教えてください。

●回答　ビジネスでの有効性はすでに十分証明されていると考えています。ビジネスだけでなく、今後は人生のあらゆる場面で悩んでいる方々にも図解思考を届け、幸せになるお手伝いをしたいですね。医療分野にも興味があります。なかでも、自分の立ち位置を確認したり、今後の進むべき方向などが整理できずに、精神的に不安を抱えている人たちへの援助もできるのではないかと考えています。

●質問　久恒さんから図解を直接、学びたい人はどうすればよいですか。

●回答　コロナ禍の数年間、Zoomで毎週のように「図解塾」や「幸福塾」を開講してきました。幸い、人材も育ってきており、一緒に講座を開く準備は整ってきました。希望者が集まれば理論と実践、リアルとリモートで構成した「図解コミュニケーション」講座を始めたいと思います。

無料体験希望の方は『イコール』編集部 図解コミュニケーション係までご連絡ください。

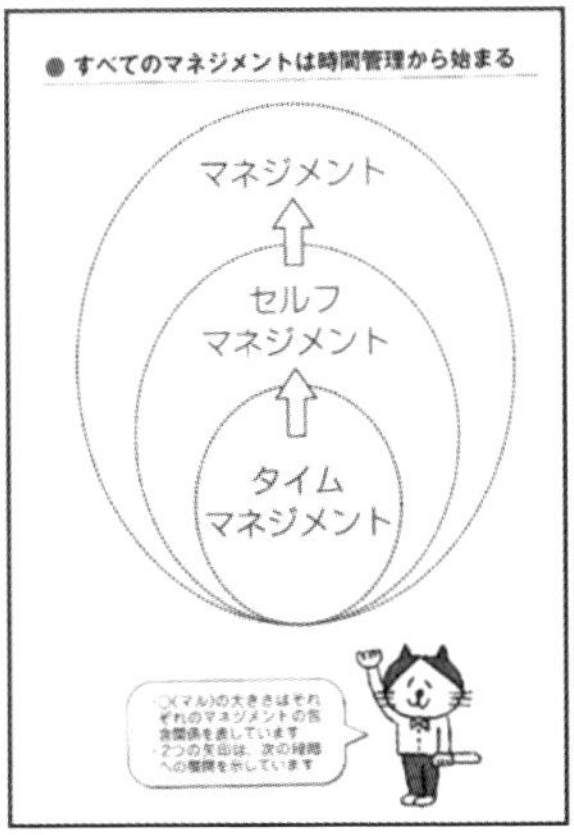

久恒啓一『図解で身につくドラッカーの理論』（中経出版）より

ザ・ポップ宣言・岩谷宏

Milk

ココロとアタマが孤独に自由であること

私の漠たる記憶によると、日本の占領政策のトップであるマッカーサー元帥に昭和天皇が会って、「自分は戦争責任者としてどんな極刑でも受け入れるが、罪のない８０００万国民が飢えることのないようにだけは、ぜひともお願いしたい」とリクエストしてから、ほとんどすぐに、米国製脱脂粉乳と米国産小麦粉（で作ったコッペパン）による学校給食が始まった。

あまり美味とはいえないミルクだったが、パンの方はふつうに美味しかった。空襲に遭わなかった田舎町は、パン工場の設備が健在だった。南極での捕鯨も早々（１９４６年）に始まっていたが、これも燃料油を米国が提供したからだと言われる。

で、今回申したいのは、昭和天皇の捨て身の発言と、それに対する占領管理者の迅速で肯定的な対応は、両方とも、『１００％の孤独な自由』の発現ということなんだ。

日本の小学生がアメリカ製の脱脂粉乳ミルクを飲むことになったこの事例では、天皇が戦争の全責任者であると声明することは、事前に誰も知らないし関係者間の合意事項でもない。天皇が勝手に心中で決めたことである。

また一方、1000万人の日本人を餓死させることを命じられていたとされるGHQのトップにとって、日本人に大量のミルクや小麦粉や鯨肉などを、天皇のリクエストに応じて提供することは、政府の最高レベルでの命令違反だ。それを、誰も知らない状態でマッカーサーはやってしまった。

似た例として、杉原千畝さんのケースがある。本国霞が関の外務省高級官僚たちが、ユダヤ人へのビザ発行を国益に反するとして制止したところ、「日本人が末代までユダヤ人から恨まれるようなことをして何が国益だ」と怒った杉原さんはビザ発行を敢行した。

大量の日本人が、日本軍のいなくなった満州でソ連軍にひどいめに遭ってるとき、隣の中国北部地区では陸軍総司令官がポツダム宣言による武装放棄命令を無視し、4万の部隊が35万人の日本人の無事復員に成功している。

現場のリアルな状況に応じた最適の対応ができるためには、ココロとアタマが孤独に自由でなければならない。「決まり」の記憶と遵守だけが得意な受験勉強優等生たちは、国の危機をもたらすだろう。

孤独の救援ミルクで育ったわたくしは、そう危惧するものである。

note で岩谷 宏の最新テキストが読める

岩谷 宏（千葉県）ライター、翻訳家。

ロッキング・オンの創刊メンバー。80 年代以後は、ラジカルなコンピュータ文化を追求し、批評・翻訳を行う。現在は千葉で捨て猫、捨て犬の保護活動を行いながら、世界の本質を追求する思索活動を行っている。

岩谷 宏プロジェクト（月額 1000 円）

https://note.com/metakit/m/m841103787f74
岩谷宏の最新原稿が読めます。今後、書籍化などのプロジェクトも準備中なので、関心のある方は会員登録をお願いします。

「セザンヌは何をやってしまったのか」をテーマにした講義と実践の合宿を行いました。

2023年10月21日から22日。八王子大学セミナーハウスにて。

美大を卒業してから40年、絵画の生涯学習指導に携わり、一般の人たちの描く絵の素晴らしさに驚き続けています。

創造性が発揮されるのは、感覚が開かれた状態です。もともと正解のない世界ですから、教えたがる先生はいない方が良く、世間的には無意味な、目的をもたない時間の中にこそ、大きな豊かさと可能性があると実感しています。自分らしさと出会ったその瞬間、一人ひとりから、これ！という喜びの表情が湧き出ます。その場に立ち会う度に、創造の喜びに勝るものはないと感動するのです。

今回講座の中心にセザンヌという西洋美術史にそそり立つ巨人を据えました。近代絵画の父と呼ばれるセザンヌ。自然と一体になって、絵で思索したセザンヌ。八王子大学セミナーハウスは、起伏に富んだ土地に、さまざまな種類の木々が植えられ、変化する自然、と人々の美意識が、絶妙に混在する稀有な場所です。

その自然のパノラマの中で、私自身が長年聞いて欲しかった「セザンヌは、一体何をしたのか」を講義するうちに、セザンヌの「サンサシオン」、自分が、何を「感覚」しているのか、という問いが浮かび上がり、「誰でも、自分の感覚とか、内的な望みを自覚することが、大切なのだ」というテーマを個々に受け取って、感じて描いて、対話しまくって自分と出会い直して。まるで生まれ変わったような晴れやかさを感じた合宿となりました。

今井陽子（神奈川）
東京藝術大学美術学部絵画科油画専攻卒業。画家の活動と、生涯学習絵画指導を続け、現在、上野の森アートスクール講師。

新しい作品やメディアを開発中の個人は連絡を。誌面を提供します

SCENE6
孵化器系

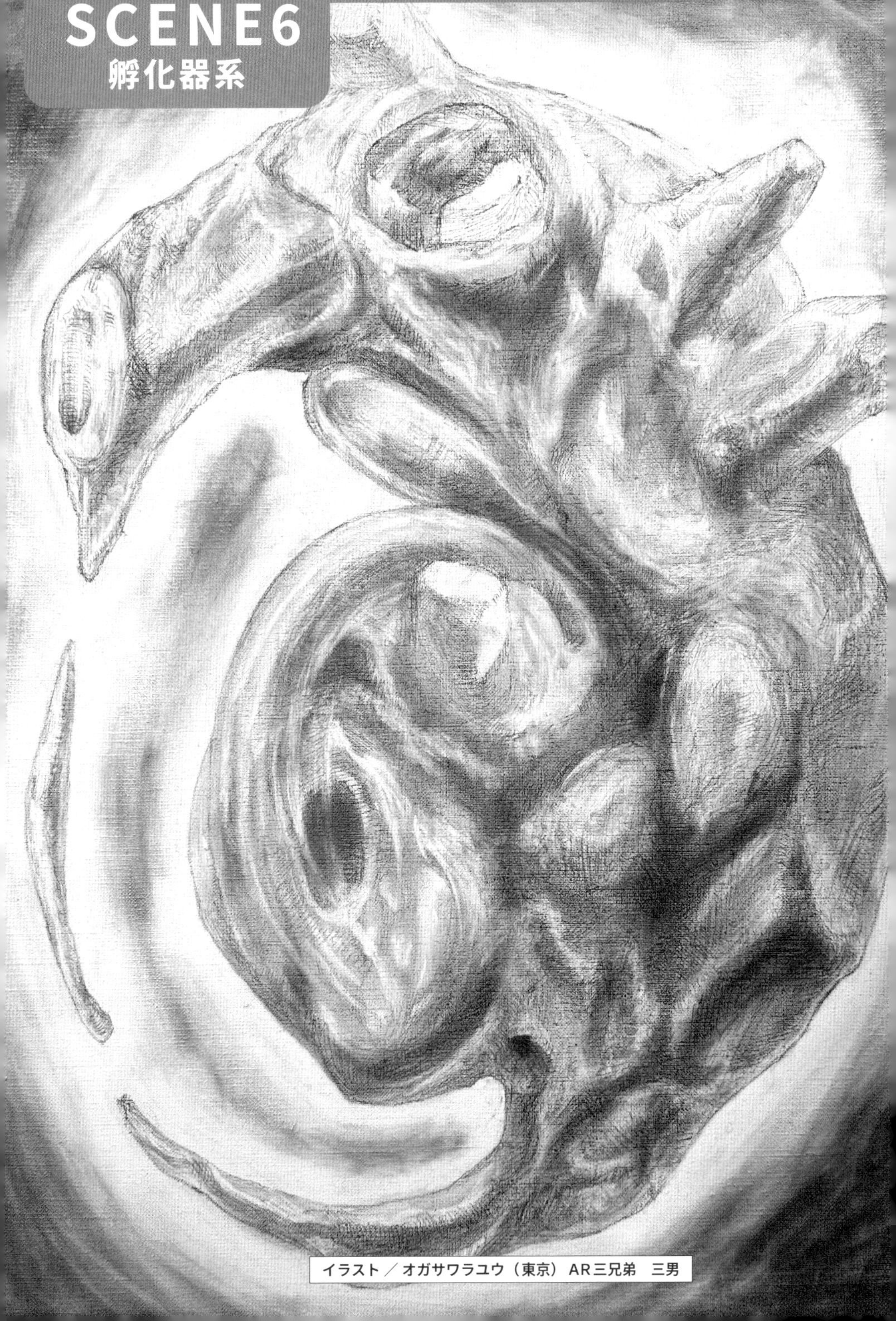

イラスト／オガサワラユウ（東京）AR三兄弟　三男

言葉の雑誌『パルプ』

二〇二四年秋頃創刊予定

言葉の雑誌を作るため
「言葉」と「言葉をやる人」を
募集しています。

予告

パルプ

「通じる」言葉を探します。

「伝わる」でもなく「伝える」でもない、
「通じる」言葉を探します。
どこの、誰の、何に通じるのか、
それさえわからない言葉を探します。
自分の気持ちや思いを相手に伝える言葉ではなく、
はじめから相手の中にあるもの、ある場所、
そこにつながる道となる言葉です。
そんな言葉を一緒に、探してみませんか。

『パルプ』編集長　オガサワラユウ

https://pulp-mag.info/

#『UFOと友達になりたい人、集まれ〜！』出版プロジェクト！

『イコール』をお読みの皆さん、こんにちは。UFOウォッチャーの宇和原わこです。「UFOはいる」「UFOはいない」いろんな考え方がありますが、じゃあ、もしUFOに会って友達になれるとしたら？　ちょっとワクワクしませんか？
実は私、UFOと友達になれたんです！　すっごく不思議で面白いUFOから受け取った宇宙情報をお届けする書籍クラファンにチャレンジしているので、応援してもらえたら嬉しいです。本の内容から、UFOとのエピソードの一部を紹介させていただきますね。

宇宙・愛・UFO's

あなた方に宇宙の大きな愛をプレゼントします

楽しい気分以外の時にもあの場所へ行っていた。

私の心が少し暗くネガティブな時やエネルギーが切れて元気のない時、そんな気分のときは初めてホワイティちゃんと出逢った、意識交流したあの場所に行きたい！という強い衝動に駆られてしまう。それはまるでUFOに呼ばれているかのようだった。高揚した私の心。ドキドキしながら車のエンジンをカチッと回す。小高い山道を走り抜けて長野市の夜景が一望できる心休まる場所に記録ノートを1冊、それと意識が解放されるお気に入りのCDを忘れずに持って、今日もホワイティちゃんと逢えたらいいな、と、そんなことを頭の中で思い浮かべながら山道を走る。深夜ともなれば車もほとんど走っていないし街灯も少ないから、可愛い野生の動物たちがトコトコと道端を歩いている。タヌキやキツネに「こんばんは。どこに行くの？　車に気をつけてね！」って、話しかけたりしてね。だんだん、日常の慌ただしい時間から解放されて自然の中へ溶け込んでいく。素敵な時の流れとゆっくりと同調していく。

自宅から車でたった20分位の距離なのに全く別の空間に入っていくような感覚が私は大好きで、それは物心ついたときから同じだった。

いつもの場所に車を停めて、フゥーっと深呼吸する。眼下に広がるキラキラと輝く夜景、空には輝く美しい星々たち。耳に心地よいやわらかな音楽にゆっくりと全身が包まれていく感覚。でも、心が少し寂しい日なんかに行くとね、反省しなくちゃいけない私の心に、UFOを通じて心のダークな部分を容赦なく見せられたりすることがあった。それは、無自覚な私の姿で、今まで心の奥底に蓋を閉めてて自分でも見たくない、ましてや人にも見られたくないダークな部分。私はそんな陳腐な人間だった。本当の姿を見せられて、情けなくて何度も泣いたこともあった。その度にホワイティちゃんの美しく宇宙的な大きな光がそんな私の気持ちを深く理解し、そして、やさしく受け止めてくれていた。いつも。いつも。

誰にも話せない心の奥底のネガティブな部分や無自覚な部分を否応なしにひっぱりだされて、宇宙の声が「はい、こういうのもありますよ。」と、3Dのようにビジョンでハッとすることがある。この時は本当に辛い。自然に涙が溢れてくる。けれど、その瞬間、絶妙なタイミングでUFOの強烈な光が山の上空でピカッと光り輝く。瞬間、本当に言葉を超えて「ホワイティちゃん、そこにいてくれてるの⁉」と心で？いえ、チャクラが勝手に反応して全身が振動する。空間を通じてUFOの光と共鳴する。ア・ウンの呼吸。そうなると、今度は嬉しくてまた涙が溢れてくる。それまでの流した哀しみの涙から喜びの涙にゆっくりと変化して元気が戻ってくる。UFO光ってスゴイ！　最高のヒーラーなのかもしれない。宇宙の大きな愛で幸福感が味わえるなんて私は夢にも思ってなかった。

答えはこうだ。心の奥底にあった問題の意味を私が深く理解・受け入れたとたんに、その物ごとが瞬間で解決され、目の前から問題がスッと消えていく。まるで、UFO大学の？テストみたい‼

こんな楽しくて深いテストは本当に面白くて、送られたテストが自力で理解できた時はホワイティちゃんもキラキラと楽しそうに輝いちゃって、点滅を繰り返しながらUFOが数機に分離したり、大きな一つの山をテレポテーションしながら強烈な光を放っている。時間が経つにつれ私たちの間に揺るぎない信頼関係が深まっていく。

ぽっかりと空いた心の穴に宇宙の光、大きな愛の光が入ったのを実感できる。

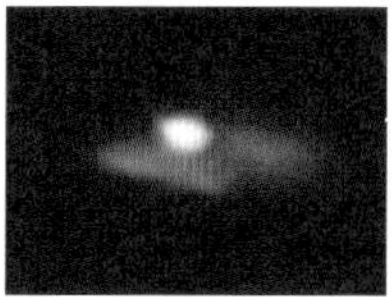

撮影したUFO動画をYouTubeにアップしています！
ぜひ視てね♪

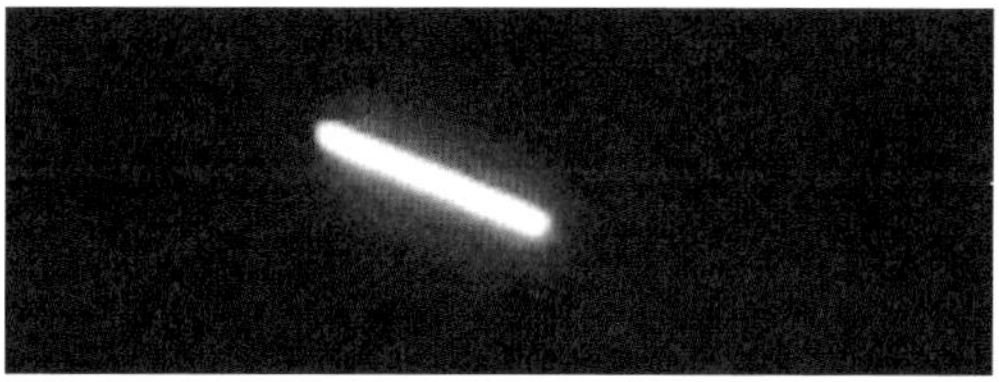

『UFOと友達になりたい人、集まれ〜！』
書籍出版クラファンページは、こちらからご覧いただけます。

野口わこ（宇和原わこ）（長野）
幼少時から不思議な出来事を数多く体験。大人になってからはUFO2回乗船・4000回ウォッチャーとして活躍中。現代ヨガの実践者かつ研究家である山手國弘氏との出逢いによって、それまでのUFO体験の点と線が繋がっていく。
現在、TV・ラジオなどのメディアやUFOツアー、意識解放の方法をリーディング・セッションなどで伝えている。

後悔しない ひきこもり方

10代の6年間、完全ひきこもりで過ごした時間を、今は会社経営で多忙な日々の中で思い起こし、書籍化を計画している

株式会社プロジェクトクリック代表
八木 隆（福岡）

ひきこもりに価値はないのか。

ひきこもることで、社会性は失われ、客観性を失い、継続力を失う。

真綿で締められるような精神的な苦しみと、低空飛行、いや地の中を進むような低いテンションと精神状態。

外の情報を得ることは怖いし、外を歩くと誰かに見られてなにかを言われる、思われるのではないかという恐怖がついてまわる。

毎夜毎夜、飛び降りて楽になろうと、マンションの屋上にあがるけれど、飛び降りる勇気もなく、夜風に当たって少し気持ちが楽になって、部屋に戻る。

ただ部屋にいる。ただ毎日を浪費する。ただ時間が過ぎていく。

ひきこもっていることに価値などない。

それが私の6年間。

6年間のひきこもりの時間は、いまとなってはあっという間に過ぎた時間だったけれども、そのときはこれが永遠に続くかのように感じ、未来もなにも見えず、命を絶つ勇気を出せないままに生きていた。

いまとなってはあっという間であったのも、ただ当時の記憶がおぼろげにしか残っていないから。それはうつ病特有の症状であるのか、あまりに内容の薄い時間であったからなのか、はたまた自己防衛本能によるものなのかはわからない。

いま、私は小さなイベント会社を経営している。数千人のスポーツイベントの運営演出や１６０㎞の距離を高速道路を通行止めして走る自転車イベント、キレイなモデルが登場するファッションショーなど、10代の家にいたころの自分からは想像できないような仕事をしている。

私がひきこもりから社会に出たきっかけは、母方の叔父の元同僚が会社を退職して起業をしたときに、叔父に頼まれて私と話にきてくれたことだった。

ひきこもりというものは、低空飛行ながらもバイオリズムがあり、ひきこもりから出るには、この自分では如何ともしがたいバイオリズムが上向きなタイミングを、うまく掴むことが大切である。これは正解不正解の話ではなく、根気と運がものをいう。

その後、いろいろな運や縁やめぐり合わせを経て、イベントという仕事に出会い、専門学校に行き、大学に行って、いまがある。

約1年前まで、私はひきこもりをしていた自分の人生について後悔はしていなかった。あのときがあったからこそ、いまの自分が形成され、いまとなってはひきこもりであったことを話のネタにして、多くの人とのご縁をいただいている。

ただ、昨年、母が亡くなった。

母は2021年10月に乳房に腫瘍が見つかり、同年11月に手術をした。私はこのときはじめて、親の死というものについて考えた。母はそのとき66歳で、母と永遠に会えなくなることなんて、もっと先のことだと思っていた。

母親の死というものについて考えたとき、ひきこもっていたことが母の人生に与えた影響についてはじめて考えてみた。

私がひきこもっていなければ、母はもっと精神的に安定した人生を送ることができたのではないか、母の人生の中での6年間につらい時間を作ってしまったのではないか、それは母の人生に暗い影を落としたのではないか。

そう考えたときに、いまのままでは自分の人生に後悔はなくとも、母の人生に対しての後悔が残る気がした。

そう考えたとき、自分がもっと人生の先の方で取り組もうと思っていた、ひきこもりが社会に出るためのキャリア形成の事業を、これからはじめようと考えた。それは母の人生の辛かった時間を、私がひきこもりの社会進出モデルをつくることで、母にとって価値があったと感じられるようにしたかったからだ。

だが、私がそれを形にする前に、あっという間に母は亡くなった。

後悔しないひきこもり方とは、自分が後悔しないことではないと知った。

私はひきこもることを否定しない。ただ、後悔しないひきこもり方とは、自分はもちろん、親や家族、周りの人にとって自分がどういう存在であるかを考えることも大切だ。多様性が進むこの社会の中で、ひきこもるな、とは私は決して言わないし、言えない。ひきこもっていることに価値を生むこと、それができればそれが後悔しないひきこもり方だ。それは自分の人生にとってだけの価値ではなく、自分が大切に思う人にとっても価値あるひきこもり方であることが必要だ。

価値をどう生むかは、自分自身で決めることができる。ひきこもっている時間に価値を生むこともできるし、ひきこもっていた事実に価値をつけることもできる。それをみんなができるようになるには社会の仕組みが必要だ。私はそれをchointという名前で生み出そうとしている。

Rock Balancing

石花

石花メモリアル・ブックの会

Ishihana Memorial Book Association

主催・石花会
共催・『イコール』編集部

石花に関心のある人の参加を募集します。石花の経験者でも、未経験者でもかまいません。

参加希望者は、note マガジンに登録してください。

石花会（月額 1000 円）
https://note.com/metakit/m/m90f693bf2752

登録メンバーの皆さんに、石花ワークショップの情報を提供します。

オンラインでのワークショップは無料で参加できます。
リアルでのワークショップは別途費用（2000 円）が必要になります。

石花についての相談やアドバイスは、石花ちとくが行います。

ワークショップに参加した人は、自分の作品を写真にとって、石花会まで送ってください。石花ちとくが選んだ優秀作品は、雑誌『イコール』で掲載します。

また、皆さんの写真が集まりましたら、「石花メモリアルブック」として写真集を製作したいと思います。写真掲載者には無料で 1 冊進呈いたします。

石花

Stone Flower

日本には資源はないけど自然があります。

自然とは花や鳥や昆虫や草木もそうですが、
水や石や砂さえも自然そのものとして
愛でる心を日本は持っていました。

途方もない長い年月を大自然と付き合うことで、さまざまな形に変形した石塊《いしくれ》が、河原に集まっています。

一つとして同じ形のない石塊を、大地の心音を聞きながら積み上げていく時、私たちは地球のマグマと一体となり、自らの肉体が自然の破片であることを静かに認識するでしょう。また、悠久の時間の流れの中で、自らの意識も丸く転がらせてきたことを知るでしょう。

散るからこそ花は美しい。

万物平衡の理。すべてはバランスで成立している。
あなたの石の花を咲かせてください。

石花会概要

石花会 (石花ちとく　代表) は、石花（ロックバランシング、ストーンバランシング、石積みアート等）愛好者の団体として、日本のロックバランシング普及・発展に寄与する団体です。

★石花会はロックバランシングあるいはストーンバランシングという名称を「石花」と呼称することで、日本での独自性と親近感を確立します。

★「石花師」を中心に、日本各地及びネットで様々な世代を対象に、石花普及活動を展開します。

★各種イベントや交流会を企画し、石花（ロックバランシング、ストーンバランシング、石積みアート等）を広め、会員相互の親睦を深め、かつ石花を楽しみます。

連載小説

EGG

第一部　1964

生まれてこなければいいのに。
生まれてこなければいいのに。

私の中に巣食うもの。
煙草を吸うと苦しがるのに、
どうしてお前は死なないの。

挿絵　滝 和子

滝 和子（東京）
深呼吸学部塾生

第一章　東京オリンピック

「サーブはサウスポーの宮本！」

「宮本打った！」

「ソビエト懸命に返した！　おーっとホイッスル！」

「オーバーネット！　日本勝った！　日本勝った！　日本勝ちました！　ソビエト呆然。日本、金メダルを獲得しました！」

　１９６４年10月23日。戦後日本の復活を証明するような、東京オリンピックでの日本女子バレーボールチームの大活躍に全国が熱狂する中、私こと高藤恵美は陣痛の痛みにひたすら耐えていた。

「ヒッヒッフー。そうよ、高藤さん上手上手」

　陣痛が始まってからすでに25時間。助産婦さんが腰をさすって励ましてくれるものの、私はへとへとだった。妊娠中も煙草を吸ったせいで羊膜が頑丈で破水しない、と医師に言われた。それなのに陣痛が間隔をあけて襲ってくる。私のおなかに巣食った化け物め。巨大な水袋を被ったまま、こんなちっぽけな穴から出てこようなんて、ずうずうしいにもほどがある。私は思わず叫んだ。

「もういやあ！　帝王切開して!!」

　助産婦さんが困ったように医師を見る。医師も困ったような顔をした。

「高藤さん、お義父様に帝王切開は反対されているのですよね。……大丈夫ですか？」

　そわそわした二人を見て、私はまたイラついた。

「このままじゃ、死んじゃう！　隆治に伝えて!!」

　夫の隆治は背が高く浅黒な肌、チリチリとした天然パーマが目立つ男だ。子供のころは、アメリカ人にはらまされた子だと誤解されたそうだ。今も外人風の容貌はそのままで、ピタッとしたジーンズとラフに着こなしたＴシャツがよく似合う、ハンサムな男になっていた。

「え……帝王切開、ですか？」

　隆治は医師の言葉を聞いて動揺した。

「奥様の陣痛はほぼ１日続いています。体力がなくなる前に、決断をしないと……」

　隆治は頭を抱えた。言い出したら聞かない頑固おやじが待合室で待っている。相談しないという選択肢以外にないのに……。しかし、丸一日分娩室から聞こえてくる恵美のうめき声で、隆治もどうかなってしまいそうだった。

「わかりました。少し時間をください」

　隆治はうなだれたまま、待合室に向かった。

「帝王切開をするだと!!」

　待合室の全員がはっとして振り返るほどの大きな声で、誉は息子を怒鳴りつけた。

誉は戦後、テキヤの親分として中越地方をまとめあげた実力者だ。昭和の高度成長に歩みを合わせ組も巨大化。関東最大の海道組の親分と義兄弟の契りを交わすまでとなっていた。

一部の隙もない大島紬の和装に身を包んだ誉は、ジーンズに長袖シャツ姿の隆治に吠えた。

「ならん！　麻酔を使うことになるんだぞ。孫に何かあったらどうするつもりだ！」

「でも、恵美が危ないって……」

「ふざけるな!!」

鷹のような鋭い眼光で大声を張り上げた誉を、まあまあといなしたのは妻のいちだ。

「出産は命がけなのよ。お医者様もそう判断されているのならねえ」

「お前も帝王切開などしておらんだろが！　普通に産むのが一番に決まっとるわ!!」

激昂している誉たちの元に、看護婦がすっ飛んできた。

「高藤さん、奥様が破水されました」

「えっ！」

「分娩室の前に来てください！」

隆治はほっと胸をなでおろすと、両親に向き直った。

「もう帝王切開はないと思います」

「うむ」

誉は満足げにソファに身を沈めた。周囲の緊張も一気にほぐれる。隆治は急いで分娩室に向かった。

小説「EGG」
（完成したら書籍化します）

滝和子

深呼吸学部に在籍。「あまやどり出版」を自分出版社として立ち上げ、「自分出版社協同組合」の管理運営を担当。「深呼吸する言葉」「小説」の執筆をする傍ら、VR、ARでのアート作品制作やアバター・ワールド制作で日々遊んでいる。VRC・cluster・Resonite では okaki5959 と名乗っている。ほか、気分調査研究員。書家。編集者。2児の母。小説第一作は「抹茶ミルク」。

抹茶ミルク（深呼吸 BOOKS 1）

イコールは、さまざまな方角から、さまざまな想いを持った人たちが集まる広場です

SCENE7
イコール広場

イラスト／ぴーすちゃん（茨城）小学４年生

時代を遊ぶ極めて怪しい雑誌『イコール』

利用マニュアル ver.001 ／橘川幸夫

『イコール』はコミュニティ参加型雑誌です

雑誌『イコール』は、2020 年のコロナ・パンデミックの中で生まれた橘川幸夫の私塾「深呼吸学部」のメンバーが中心となって発行します。毎週 5 時間の講義と議論を 100 回続けて 100 人ぐらいの人が集まりました。アフターコロナに向けて、その渦中で積み上げられた関係性のコミュティが『イコール』の編集部です。

編集部自体が信頼関係で成立するコミュニティなので、通常のビジネス感覚ではありえない方式で『イコール』は発行されます。

まず、近代ビジネスの常識である「労働に対する対価」が『イコール』にはありません。コミュニティの外の人に作業をお願いする場合は、通常の対価を支払います。例えば、印刷作業は、内部でできないので、印刷屋さんに発注します。

編集費 (原稿料、画稿料、編集費、デザイン費、ＤＴＰ費など) については「現物払い」となります。つまり、みんなで作った雑誌を、作業に応じて分配します。例えば、創刊 0 号については、50 人ぐらいで作りましたので各自に 10 冊ずつ『イコール』を送ります。それをメルカリで売っても、シェア書店で売って現金化してもかまいません。もちろん友人にプレゼントしてもらっても大丈夫。50 人× 10 冊＝ 500 冊は、手渡しで流通するわけです。

今後、『イコール』では「KitCoin」という仮想通貨を発行します。「KitCoin」は他の貨幣とは交換出来ません。使えるのは『イコール』本誌、バックナンバー、『イコール』が発行した書籍、『イコール』が主催するセミナー、イベントの会費、そして『イコール』の広告ページの料金として使えます。編集長が没にした原稿も、自分でページを買って掲載することができます。つまり『イコール』の発行に協力してくれた人は、『イコール』というコミュニティの活動の成果を受け取ることができます。

『イコール』は編集者・ライターの養成機能を持ちます

『イコール』のコミュニティには誰でも参加できます。

老若男女、経験実績など問いません。

希望者は深呼吸学部に参加してください。参加方法は、note マガジン「橘川幸夫の深呼吸学部 」(月額 1000 円) に登録の上、『イコール』編集部・深呼吸学部参加希望係に連絡をください。

橘川幸夫の深呼吸学部

https://note.com/metakit/m/m36e9f0d75349

定期的に「講義」(日曜日、20 時から) と「企画会議」(金曜日、20 時から) を Zoom で行います。その中で、役割分担などを指示します。

また塾生主体のオンラインでの勉強会や読書会、映画感想会などを随時開催しています。特に「著者のいる読書会」は、さまざまな著者を招いた読書会として推進しています。

最初は作業実績を重ねていただき、能力が認められれば独自の企画も推進できます。

参加構造

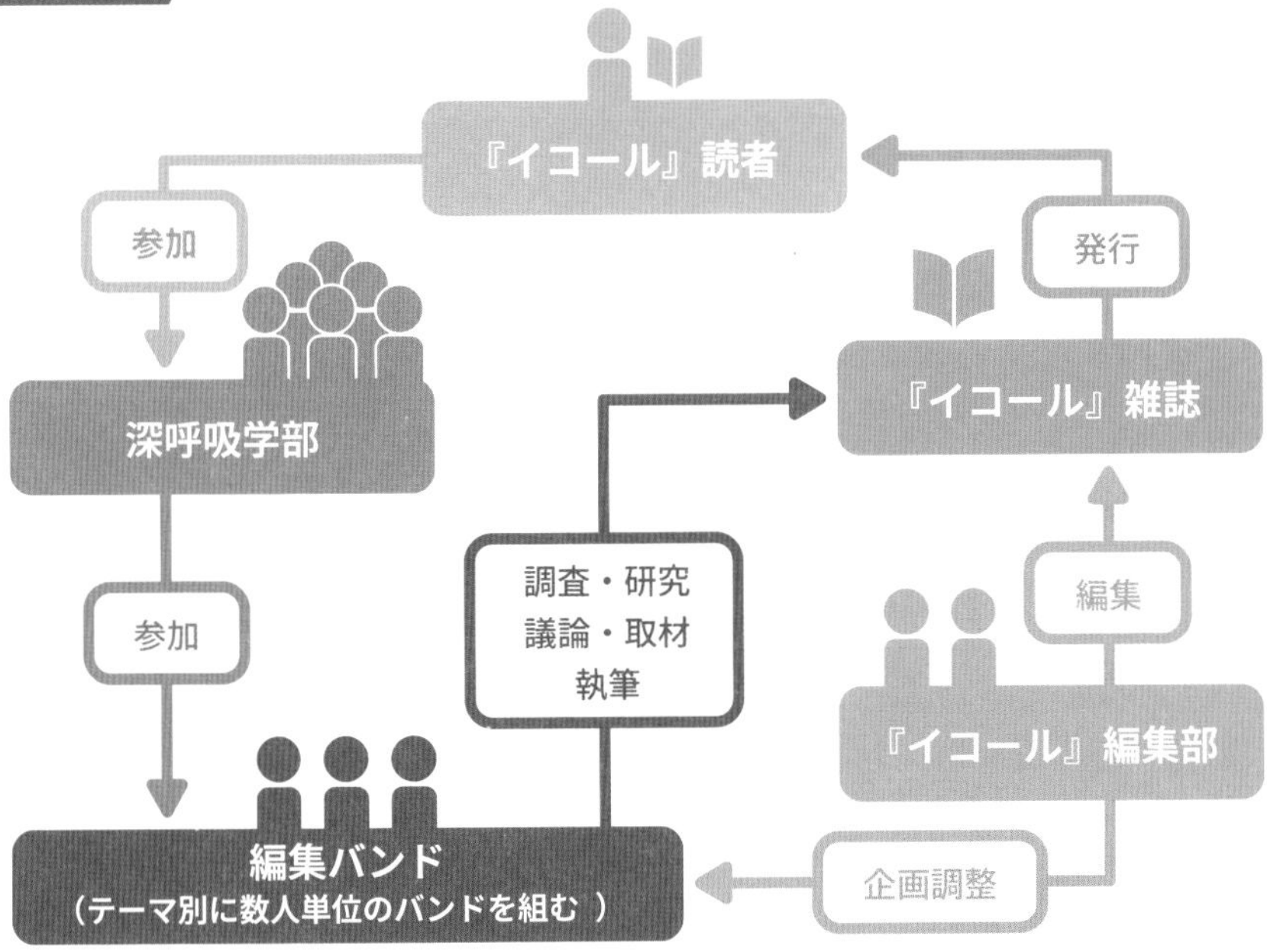

『イコール』はリアルな世界と連携していきます

深呼吸学部ではリアルなイベントを独自に企画し、実施します。

蜃気楼大学

蜃気楼大学は、さまざまな領域の最前線で活躍している人たちを一堂に集めて2023年に第1回を実施しました。2024年は2月3日に、八王子大学セミナーハウスで実施します。

第1回蜃気楼大学
https://pk5ol.hp.peraichi.com/

蜃気楼専門学校

蜃気楼専門学校は、テーマを決めた宿泊型のセミナー・ワークショップです。第1回は2023年に「身体と創造性」をテーマに行いました。

第1回蜃気楼専門学校
https://5rltr.hp.peraichi.com/

深呼吸旅行社

各地のユニークな人を訪ねる旅を企画しています。詳しくは本誌87ページをご覧ください。

「FLAT BASE」トークライブ

東京青山にある株式会社 KDDI ウェブコミュニケーションズの施設である「FLAT BASE」(シェアラウンジ外苑前内)と共催のトークライブを行います。

「シェア書店」「シェア図書館」トークライブ

『イコール』の常備店である日本各地の「シェア書店」「シェア図書館」で、『イコール』をテキストとした感想会・読書会を実施していきます。

『イコール』は増殖していきます

『イコール』は単体の雑誌としてマス雑誌になることを目指しません。ゆっくりとコミュニティを充実させて、新しい仲間を少しずつ増やして、参加者個人のゆっくりとした成長を期待します。

『イコール』は「信頼関係がある小さなコミュニティがあれば、全国規模の雑誌が創刊できる」ということを実証していきます。大出版社という組織も、先行投資のような資金も不要で、雑誌が創刊できるということを証明していきます。

橘川の個人的な体験ですが、1972 年に創刊した音楽雑誌の「ロッキング・オン」は、組織も資本も経験もない中でスタートしました。今は齢をとった分、若干の経験と人脈が蓄積されているので、有利な状況です。

『イコール』は、「コミュニティが創る雑誌」のプロトタイプを作っていきます。あなたに信頼できる仲間のいるコミュティがあれば「あなたのイコール」が創刊できます。

すでに何人かの人が独自の『イコール』の企画設計に入っています。現在の『イコール』は橘川幸夫と深呼吸学部が責任編集となりますが、あなたたちが責任編集する『イコール』も創刊可能です。

『イコール』は単体での無限拡大を目指すのではなく、分裂するアメーバのように、中心核を増やしてネットワーク型で発展していこうと考えています。そのことにより『イコール』は多様なテーマ、多様な価値観による「専門誌のネットワークによる総合誌」になっていくと思います。

独自『イコール』を創刊を検討する人たちへのサポートをしていきます。

1. 自分たちの『イコール』を創刊したい人の条件は、まず最低 30 人以上の信頼できる関係性のあるコミュニティが必要です。それは趣味の会でも、地域の会でも、既存の組織でも会社でも大丈夫です。

2.『イコール』を参考にして、独自に雑誌創刊をすることは、もちろん自由です。私たちの『イコール』と連携してサポートを受けたい方は、note マガジンの「橘川幸夫サロン」(月額 1 万円) に登録してください。橘川が相談に乗ります。

橘川幸夫サロン

https://note.com/metakit/m/m12954fc265ca

『イコール』は独自の販売網を模索していきます

現在の出版流通システムは、近代から戦後社会の大きな流れであった「大量生産・大量販売」を目的とした社会原理に基づいて発展してきました。私たちは、その恩恵を得て、どこでも自由に本が入手できる豊かな社会に生きています。

しかし、それは大手出版社などのマスメディアが、特定の価値観を一方通行的に伝達するためには効果的でしたが、小さな個人の想いを伝えるためには「有名作家になる」とか「売れっ子ライターになる」という上昇志向が必要であり、それが結果的に大組織が支配する社会を延命させてきたのだと思います。

私は、それぞれの個人が自分の生活を大切に過ごしながら、それでも世の中の多くの人の中から「出会うべき人と出会える」社会を希望してきました。半世紀を参加型社会という漠然としたテーマを追って生きてきました。

『イコール』の主役は出版社でもなければ編集長でもありません。一人ひとりの個人が自分の関心事と問題意識で取材したり、書いたりした原稿をまとめています。それが「コミュニティが創る雑誌」の一番大事なポイントだと思っています。

販売に関しても、現状の社会システムを使いながら、新しい流通システムを模索したいと思います。『イコール』は、書籍コードで大手取次店経由で全国の書店、電子書店などで購入可能です。同時に新しい P2P 流通 (個人が個人に手渡しをするように流通させるシステム) の方法を探っていきます。

1. 全国のシェア書店、シェア図書館と連携して、常備店の棚を確保していきます。

2. 販売店、販売人を募集します。『イコール』を 10 冊単位で購入していただける方には卸価格で販売させていただきます。

3. クラウドファンディング (クラファン) による事前購入。『イコール』は毎号、クラファンを実施します。それは単なる資金獲得という意味だけではなく、商品の価格というものを、もういちど考え直したいと思っているからです。これまでの商品の定価というのは、生産者側のコスト計算から決めてきました。しかし、それを購入する側のお金の感覚は多様であり、メーカーが決めた値段を高いと思う人もいれば安いと思う人もいる。まして雑誌のような付加価値の塊のような商品の値段は、製造者の側で決められません。単なる紙の束ではないのです。クラファンを行えば、さまさまなリターンを組み合わせることによって、雑誌の定価が変わることになります。「予約購読」も「卸価格の販売」も「広告出稿の申し込み」もクラファンで対応していきます。もし余裕のあるお金がまったくないという人は、『イコール』の発行に協力してくれたら KitCoin を獲得して『イコール』を入手することも出来ます。

4. 電書化については、店頭に並んでいるうちは行わず、次号が発売されたら前号を電子化販売する予定です。つまり最新号が販売されている間は AI にデータを吸収されることはありません。『イコール』は AI で作られた情報ではなく、著者と読者がアナログな世界で認識共有したあとに、AI にさまざまな個人の視点を提供するために発行します。

販売ルート

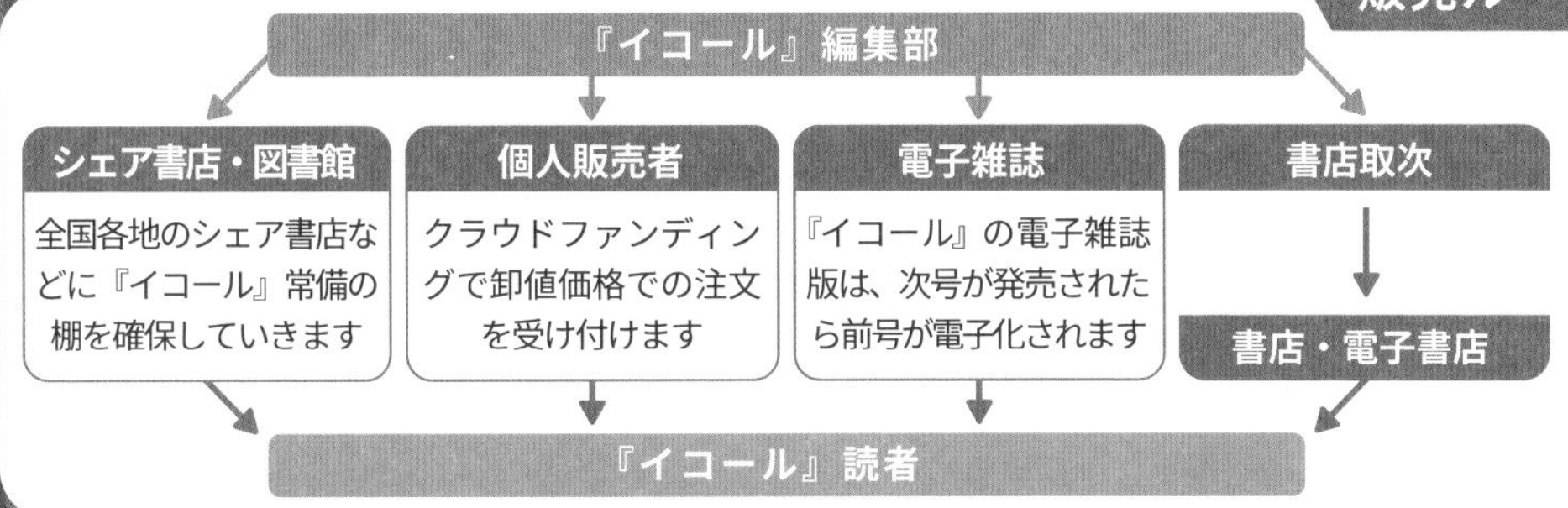
『イコール』編集部
シェア書店・図書館
全国各地のシェア書店などに『イコール』常備の棚を確保していきます
個人販売者
クラウドファンディングで卸値価格での注文を受け付けます
電子雑誌
『イコール』の電子雑誌版は、次号が発売されたら前号が電子化されます
書店取次
書店・電子書店
『イコール』読者

『イコール』は企業・個人の支援を求めています

『イコール』はこれからの社会のイメージである「高度情報化社会」「参加型社会」「バンド型共生社会」を具体的に模索していきます。問題意識を共有する世界中の人たちと連携していきたいと思います。

個人はもちろん企業・法人の皆さんとも連携していきたい。企業・法人とはそれ自体がコミュニティであり、よりよいコミュニティのあり方を模索しうると思います。

『イコール』は少部数の媒体ですので宣伝媒体としては問題外だと思います。私たちがアピールできるのは、人間です。

企業・法人の皆さんへの提案は、以下です。

1.『イコール』はコミュニティよる雑誌です。本誌の執筆者は編集部と関係性の深い人たちです。『イコール』を読まれて、皆さんの業務や事業に関わりがあり関心があれば、編集部がつなげていきます。

2. そうした人材による社内勉強会、講演会、アドバイザリーボードの設計などもご提案します。

3.『イコール』誌面での共同編集頁のご提案も可能です。

『イコール』は変容していきます

『イコール』はマーケティング・リサーチもしないし、読者ゾーンの設定もしません。ただ、日々、蠢いている時代の最前線を追尾し、動きの本質を探っていきます。

現代は、人間が生み出したテクノロジーが、生み出した母体である人間の存在価値を逆に問いかけている時代だと思います。最新テクノロジーとも真正面から向かい合い、これからの人間社会に必要な要素を補完してもらいます。テクノロジーの進化に合わせて、人間本体も進化する必要があります。

さあて「時代ミーハー」にとっては、とても楽しい時代がやってきています。

ご一緒に遊びましょう。

『イコール』創刊号(春号)は2024年5月1日に発行します。

春夏秋冬の季節ごとに発行します。季節の風にのって、時代を遊びます。

『イコール』では、さまざまな形で皆さんの参加を求めています。公開イベントや読書会などもリアル&オンラインでやっていきます。詳しくはサイトをご覧ください。

『イコール』サイト

『イコール』創刊0号

2024年1月15日初版発行
定価1200円+税

編集発行人　橘川幸夫
発行　デジタルメディア研究所
〒152-0002
東京都目黒区鷹番1-2-10 東西ハイツ110号
電話 03-3760-2775
イコール編集部 <info@equal-mag.jp>
Web https://equal-mag.jp

販売　メタ・ブレーン
〒150-0022
東京都渋谷区恵比寿南3-10-14
コープ恵比寿214号室
電話 03-5704-3919
FAX 03-5704-3457

STAFF

編集長　橘川幸夫
副編集長(AD兼任)　オガサワラユウ
編集部員　竹越和貴、田久保あやか、北野英隆
制作部員　石島治久、鬼頭恭子
営業担当　亀田武嗣
編集長秘書　吉池拓磨、松谷愛

顧問
公文俊平　多摩大学情報社会学研究所所長
斉藤賢爾　早稲田大学教授

運営協力
リアルテキスト塾、深呼吸学部塾生の皆さん

発行協力
創刊のためのクラウドファンディングに支援していただいた大勢の皆さん

『イコール』は全国書店、電子書店で販売しています。

各地に常備店を設置しています。
『イコール』の最新号・バックナンバー、関連書籍などを常備していきます。

0号店　つながる図書館(茨城県・石岡市)

1号店　ブックカフェ二十世紀(東京都・神保町)

2号店　糸島の顔がみえる本屋さん(福岡県・糸島市)

3号店　センイチブックス(東京都・調布市仙川)

4号店　TAKIBI(東京都・台東区谷中)

5号店　こもれび書店(京都府・京都市)

6号店　シェアラウンジ神宮前(東京都・港区南青山)

現在、販売中の商品は以下です。

1.『イコール』創刊0号

2.『ゲームは「動詞」でできている』